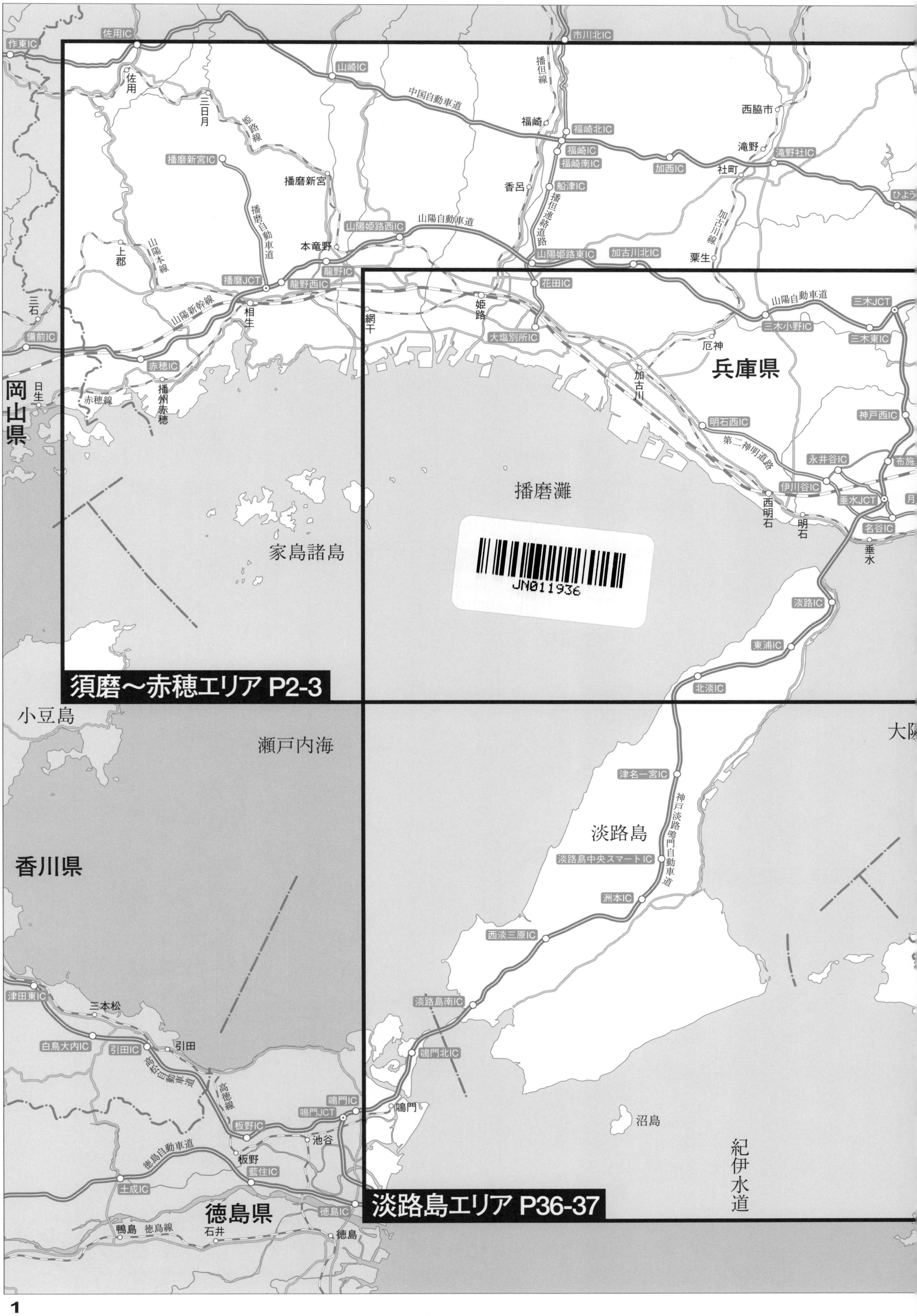

須磨～赤穂エリア P2-3
淡路島エリア P36-37
岡山県
兵庫県
香川県
徳島県
播磨灘
家島諸島
小豆島
瀬戸内海
淡路島
沼島
紀伊水道
中国自動車道
山陽自動車道
播磨自動車道
播但連絡道路
第二神明道路
神戸淡路鳴門自動車道
高松自動車道
徳島自動車道
山陽新幹線
山陽本線
姫路線
播但線
加古川線
赤穂線
高徳線
徳島線
作東IC
佐用IC
山崎IC
市川北IC
福崎北IC
福崎IC
福崎南IC
加西IC
滝野社IC
船津IC
播磨新宮IC
山陽姫路西IC
山陽姫路東IC
加古川北IC
播磨JCT
龍野IC
龍野西IC
花田IC
三木JCT
三木小野IC
三木東IC
大塩別所IC
備前IC
赤穂IC
明石西IC
神戸西IC
永井谷IC
布施
伊川谷IC
垂水JCT
名谷IC
淡路IC
東浦IC
北淡IC
津名一宮IC
淡路島中央スマートIC
洲本IC
西淡三原IC
淡路島南IC
鳴門北IC
鳴門IC
鳴門JCT
板野IC
藍住IC
土成IC
徳島IC
津田東IC
白鳥大内IC
引田IC
佐用
三日月
播磨新宮
本竜野
上郡
相生
網干
姫路
三石
日生
播州赤穂
福崎
香呂
西脇市
滝野
社町
粟生
厄神
加古川
西明石
明石
垂水
三本松
引田
鳴門
池谷
板野
鴨島
石井
徳島

須磨～赤穂エリア
兵庫県
P.4～5 須磨周辺
P.6～7 塩屋～平磯
P.8～9 垂水～舞子
P.10～11 西舞子～大蔵海岸
P.12～13 明石港周辺
P.14～15 林崎～江井島
P.16～17 魚住～二見人工島
P.18～19 本荘人工島～加古川
篠山市
西脇市
滝野
加西市
加東市
社
東条
吉川
小野市
三木市
加古川市
高砂市
稲美町
播磨町
明石市
神戸市
三田市
淡路市
淡路島
北淡
東浦
大阪湾
神戸空港
中国自動車道
山陽自動車道
第二神明道路
明石海峡大橋
神戸淡路鳴門自動車道
舞鶴若狭自動車道
六甲北道路
山陽新幹線
山陽電鉄本線
神戸電鉄
北条鉄道
加古川線
福知山線
神戸北線
神戸山手線
西神山手線
山麓バイパス
東播磨南北道路
滝野社IC
加西IC
ひょうご東条IC
三田西IC
吉川JCT
吉川IC
神戸三田IC
長尾IC
大沢IC
神戸北IC
吉尾IC
柳谷JCT
唐櫃IC
唐櫃南IC
箕谷IC
三木JCT
三木東IC
三木小野IC
加古川北IC
神戸西IC
白川JCT
布施畑JCT
永井谷JCT
伊川谷JCT
玉津IC
大蔵谷IC
垂水JCT
高丸IC
名谷JCT
月見山IC
湊川JCT
若宮出入口
明石西IC
大久保IC
淡路IC
東浦IC
北淡IC
黒田庄
日本へそ公園
比延
新西脇
藍本
相野
広野
草野
古市
新三田
ウッディタウン中央
北条町
播磨横田
長
播磨下里
法華口
田原
網引
河合西
青野ヶ原
社町
粟生
葉多
小野
小野町
市場
樫山
大村
三木
恵比須
志染
緑が丘
押部谷
栄
木幡
厄神
神野
日岡
宝殿
加古川
東加古川
別府
土山
東二見
魚住
大久保
西明石
江井ヶ島
藤江
明石
朝霧
舞子
垂水
塩屋
須磨
鷹取
新長田
板宿
兵庫
和田岬
新開地
湊川
三ノ宮
元町
神戸
新神戸
谷上
山の街
北鈴蘭台
西鈴蘭台
鈴蘭台
藍那
西神中央
西神南
伊川谷
学園都市
美嚢川
東条川
志染川
明石川
加古川
武庫川

佐用IC
373
中国自動車道
佐用町
179
佐用
上月
南光
播磨徳久
三日月
29
宍粟市
山崎
山崎IC
夢前川
安富
夢前
中国自動車道
久崎
西栗栖
千本
姫新線
智頭急行
千種川
播磨新宮IC
揖保川
林田川
河野原円心
播磨新宮
新宮
溝口
香寺
香呂
苔原
播磨自動車道
東觜崎
山陽自動車道
仁豊野
312
上郡町
上郡
山陽本線
たつの市
本竜野
山陽姫路西IC
太市
砥堀
余部
野里
龍野IC
2
山陽姫路東IC
372
太子町
姫路市
有年
播磨JCT
龍野西IC
播磨高岡
京口
花田IC
御着
相生
竜野
網干
英賀保
姫路
相生市
揖保川
山陽新幹線
西相生
山陽網干
広畑
網干線
飾磨
大塩別府
御津
白浜の宮
250
備前市
山陽自動車道
赤穂IC
播州赤穂
坂越
揖保川
夢前川
市川
赤穂線
赤穂市
天和
備前福河
P.26～27 飾磨～広畑
P.30～31 中川～室津
P.24～25 妻鹿沖波止
P.22～23 大塩～妻鹿
P.28～29 網干浜～揖保川
P.20～21 高砂港～伊保
P.32～33 金ケ崎～赤穂御崎
鹿久居島
P.34～35 赤穂周辺
鶴島
岡山県
クラ掛島
上島
太島
家島
男鹿島
西島
院下島
坊勢島
黒島
加島
播磨灘
家島諸島
桂島
松島
瀬 戸 内 海
香川県
N
W
E
S
0
5
10
15
20K
小豆島
436
小豆島町

須磨《すま》周辺

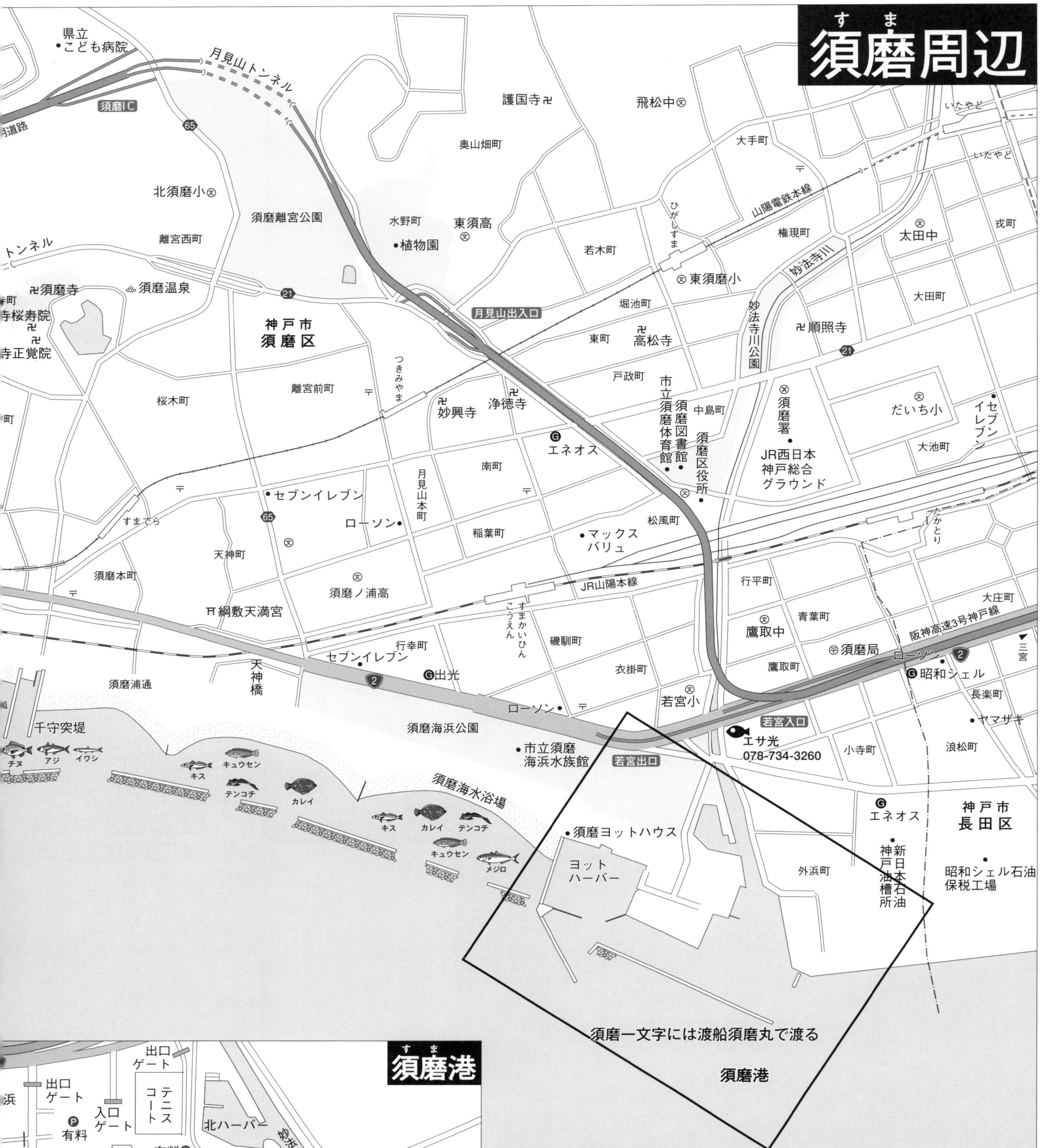

須磨《すま》港

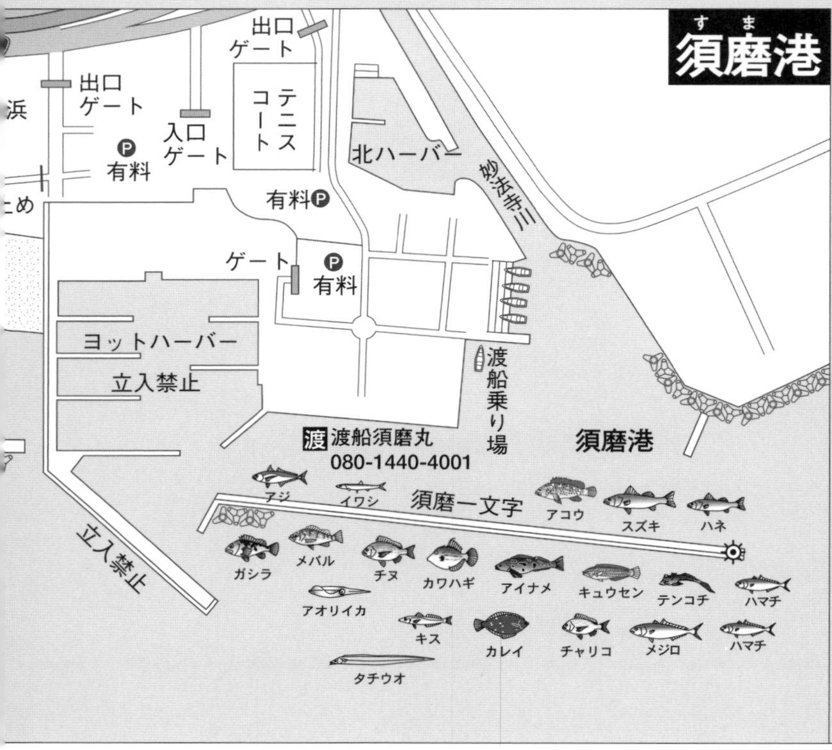

ヨットハーバー沖一文字とも呼ばれる釣り場。潮通しがよいため青物、タチウオなど回遊魚が多い。近年は巨大なコブダイねらいで上陸するマニアも。以前と変わらず落とし込みのチヌも良型があがる。渡船は予約制なので 15 時までに電話すること

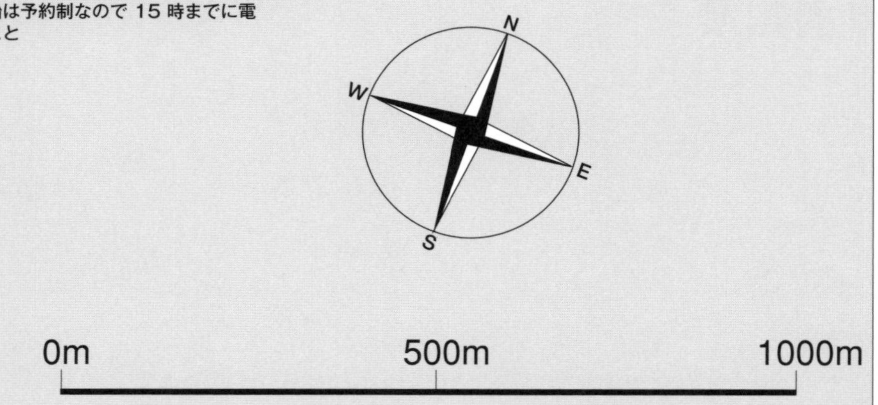

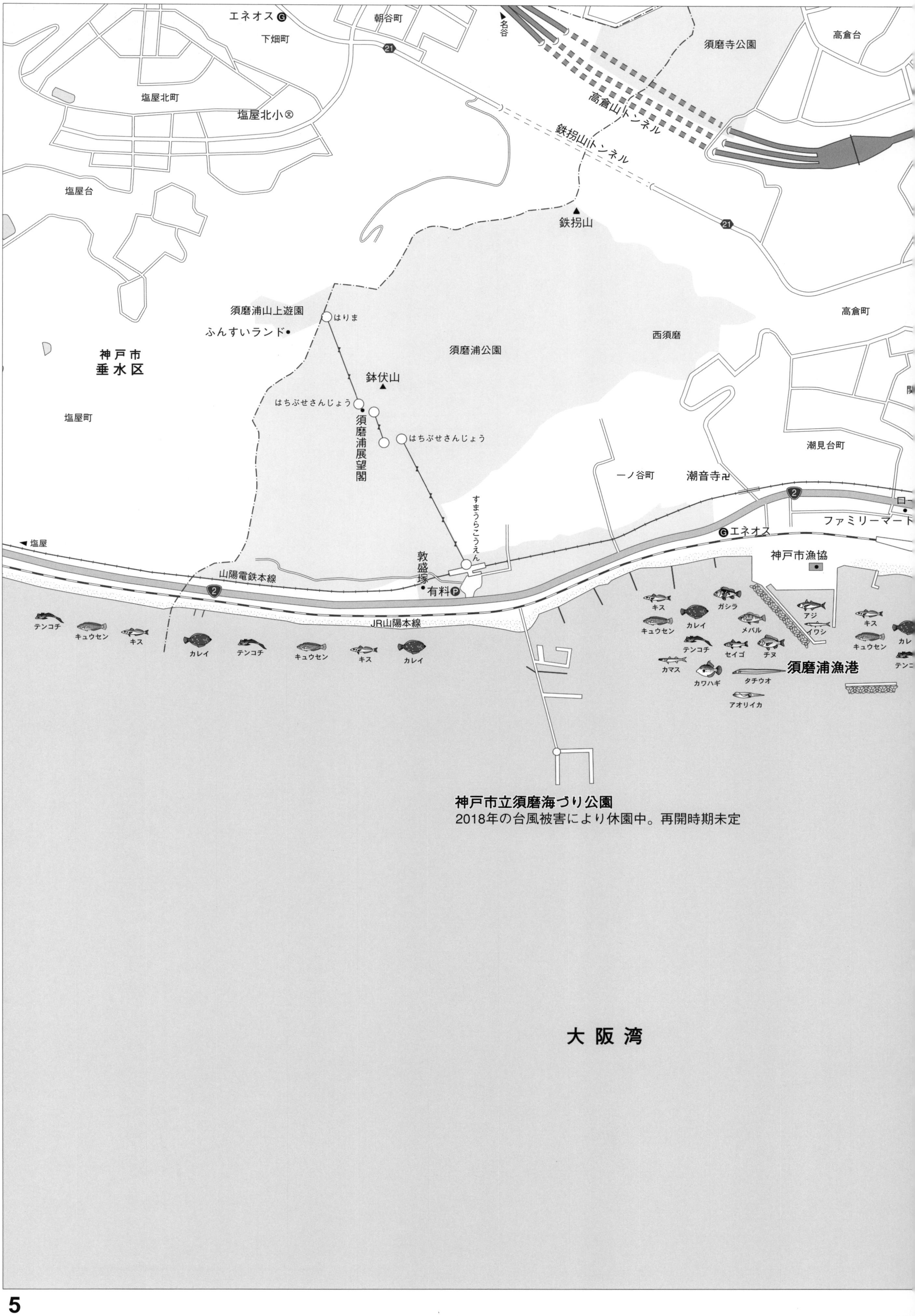
エネオス
朝谷町
名谷
下畑町
21
須磨寺公園
高倉台
塩屋北町
塩屋北小
高倉山トンネル
鉄拐山トンネル
塩屋台
21
鉄拐山
須磨浦山上遊園
はりま
ふんすいランド
高倉町
西須磨
神戸市
垂水区
須磨浦公園
鉢伏山
はちぶせさんじょう
須磨浦展望閣
はちぶせさんじょう
塩屋町
潮見台町
一ノ谷町
潮音寺
すまうらこうえん
2
ファミリーマート
エネオス
塩屋
神戸市漁協
敦盛塚
有料
山陽電鉄本線
2
JR山陽本線
テンコチ
キュウセン
キス
カレイ
テンコチ
キュウセン
キス
カレイ
キス
ガシラ
カレイ
キュウセン
メバル
アジ
イワシ
キス
キュウセン
テンコチ
セイゴ
チヌ
カマス
カワハギ
タチウオ
須磨浦漁港
アオリイカ
神戸市立須磨海づり公園
2018年の台風被害により休園中。再開時期未定
大阪湾

塩屋《しおや》～平磯《ひらいそ》

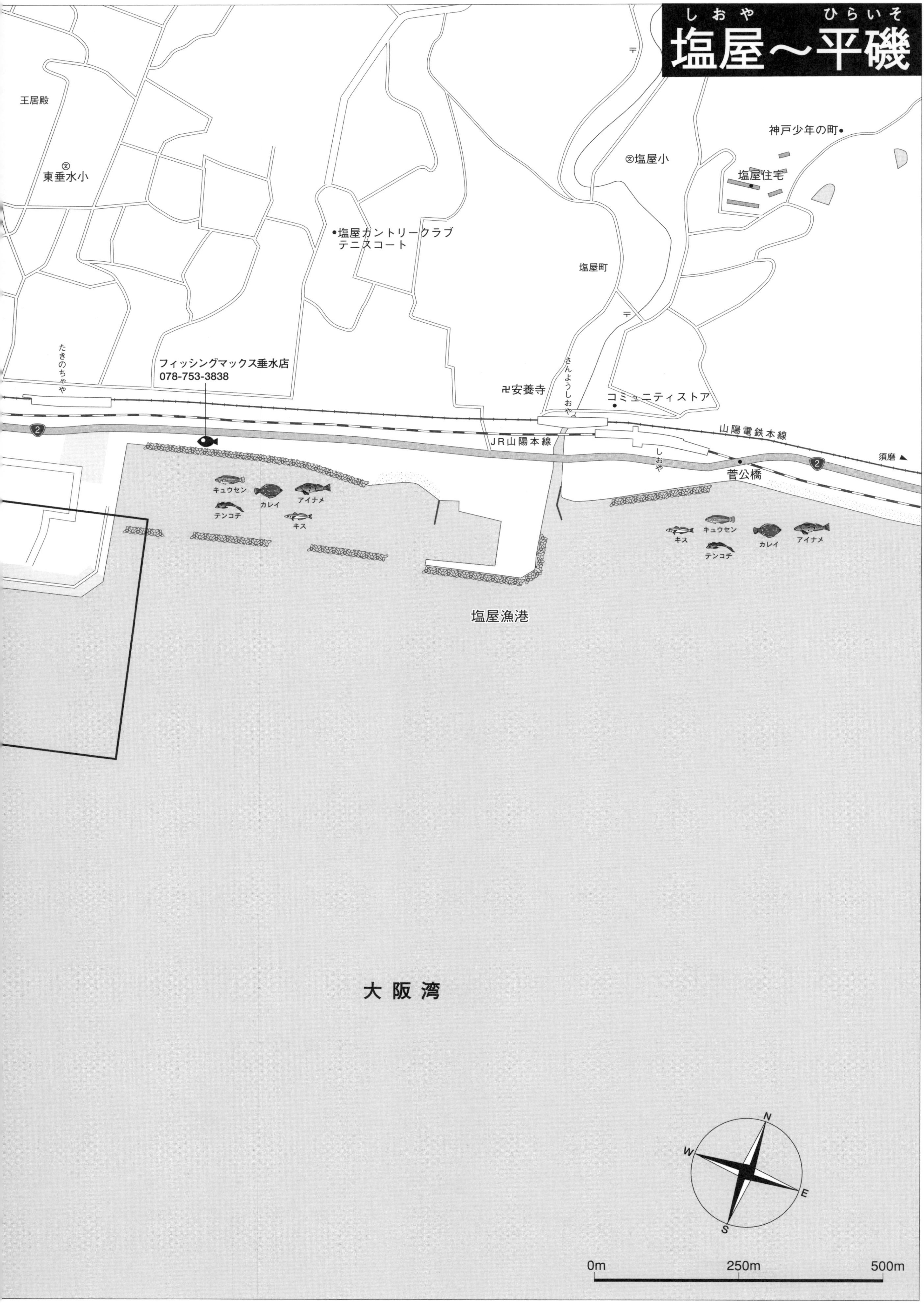

王居殿
東垂水小
•塩屋カントリークラブ
テニスコート
塩屋小
神戸少年の町•
塩屋住宅
塩屋町
たきのちゃや
フィッシングマックス垂水店
078-753-3838
安養寺
さんようしおや
コミュニティストア
山陽電鉄本線
JR山陽本線
しおや
須磨
菅公橋
キュウセン
カレイ
アイナメ
テンコチ
キス
キス
キュウセン
カレイ
アイナメ
テンコチ
塩屋漁港
大阪湾
N
W
E
S
0m
250m
500m

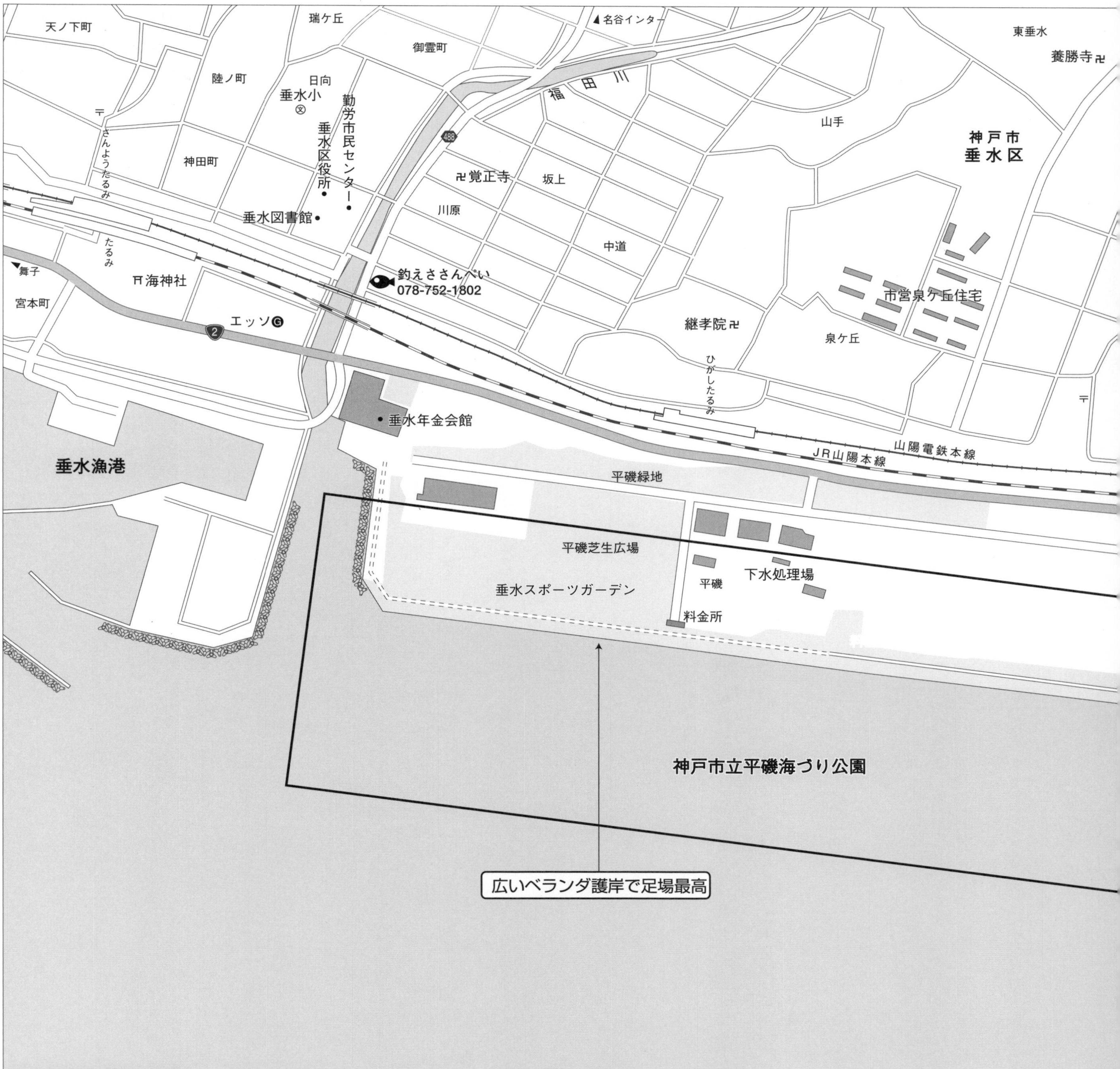

天ノ下町
瑞ケ丘
▲名谷インター
東垂水
養勝寺
御霊町
陸ノ町
日向
垂水小
勤労市民センター
垂水区役所
福田川
488
山手
神戸市
垂水区
さんようたるみ
神田町
覚正寺
坂上
垂水図書館
川原
たるみ
中道
舞子
海神社
釣えささんぺい
078-752-1802
市営泉ケ丘住宅
宮本町
エッソ
2
継孝院
泉ケ丘
ひがしたるみ
垂水年金会館
山陽電鉄本線
JR山陽本線
垂水漁港
平磯緑地
平磯芝生広場
下水処理場
平磯
垂水スポーツガーデン
料金所
神戸市立平磯海づり公園
広いベランダ護岸で足場最高

●神戸市立平磯海づり公園
078-753-3973
基本料金（4時間）：大人1000円、小人（6歳以上16歳未満）600円
割り増し料金（1時間あたり）：大人250円、小人150円
見学料金：大人200円、小人100円
駐車料金：4時間500円、以降1時間ごとに100円。単車は1回100円

営業時間：3月が7～18時、4月の平日が6～18時、5～6月の平日が6～18時、7月と9月の平日が6～19時、5月の土日祝日が6～19 時、6月の土日祝日が6～20 時、7月と9月の土日祝日が6～20時、8月は6～20時で無休、10月は6～19時、11月の土日祝日が6～19 時、12～2月は7～17時。毎週木曜休園（祝日、8月は除く）。1月1日は休園

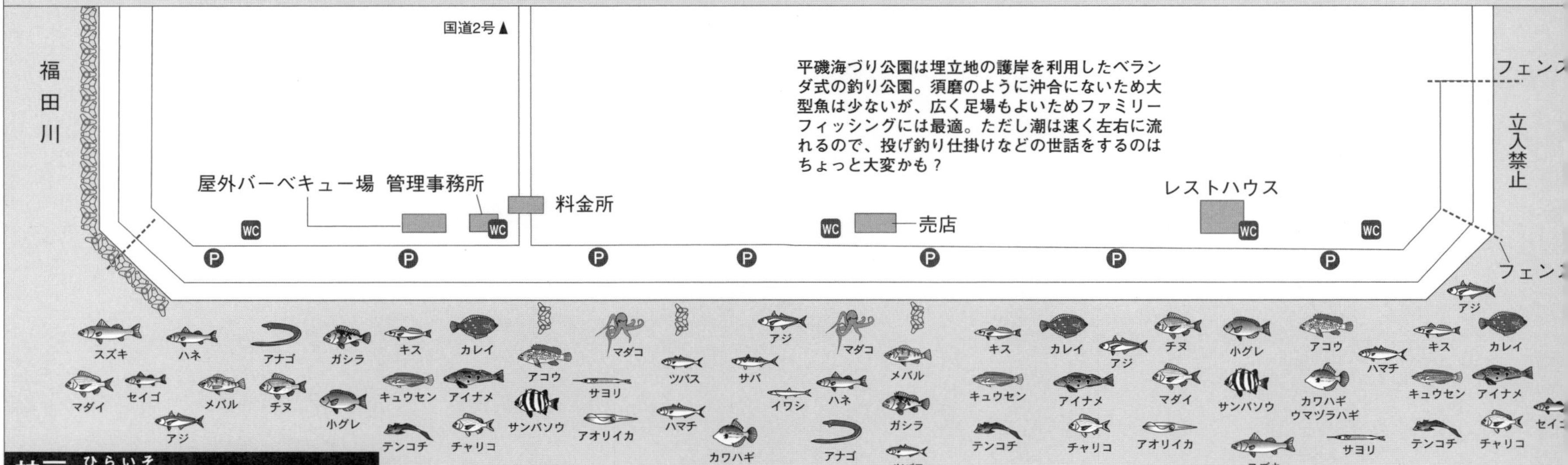

国道2号▲
福田川
平磯海づり公園は埋立地の護岸を利用したベランダ式の釣り公園。須磨のように沖合にないため大型魚は少ないが、広く足場もよいためファミリーフィッシングには最適。ただし潮は速く左右に流れるので、投げ釣り仕掛けなどの世話をするのはちょっと大変かも？
フェンス
立入禁止
屋外バーベキュー場
管理事務所
料金所
売店
レストハウス
WC
P
スズキ
ハネ
アナゴ
ガシラ
キス
カレイ
マダイ
セイゴ
メバル
チヌ
小グレ
アジ
キュウセン
アイナメ
テンコチ
チャリコ
アコウ
サンバソウ
マダコ
サヨリ
アオリイカ
ツバス
ハマチ
サバ
イワシ
カワハギ
ウマヅラハギ

神戸市立 平磯《ひらいそ》海づり公園

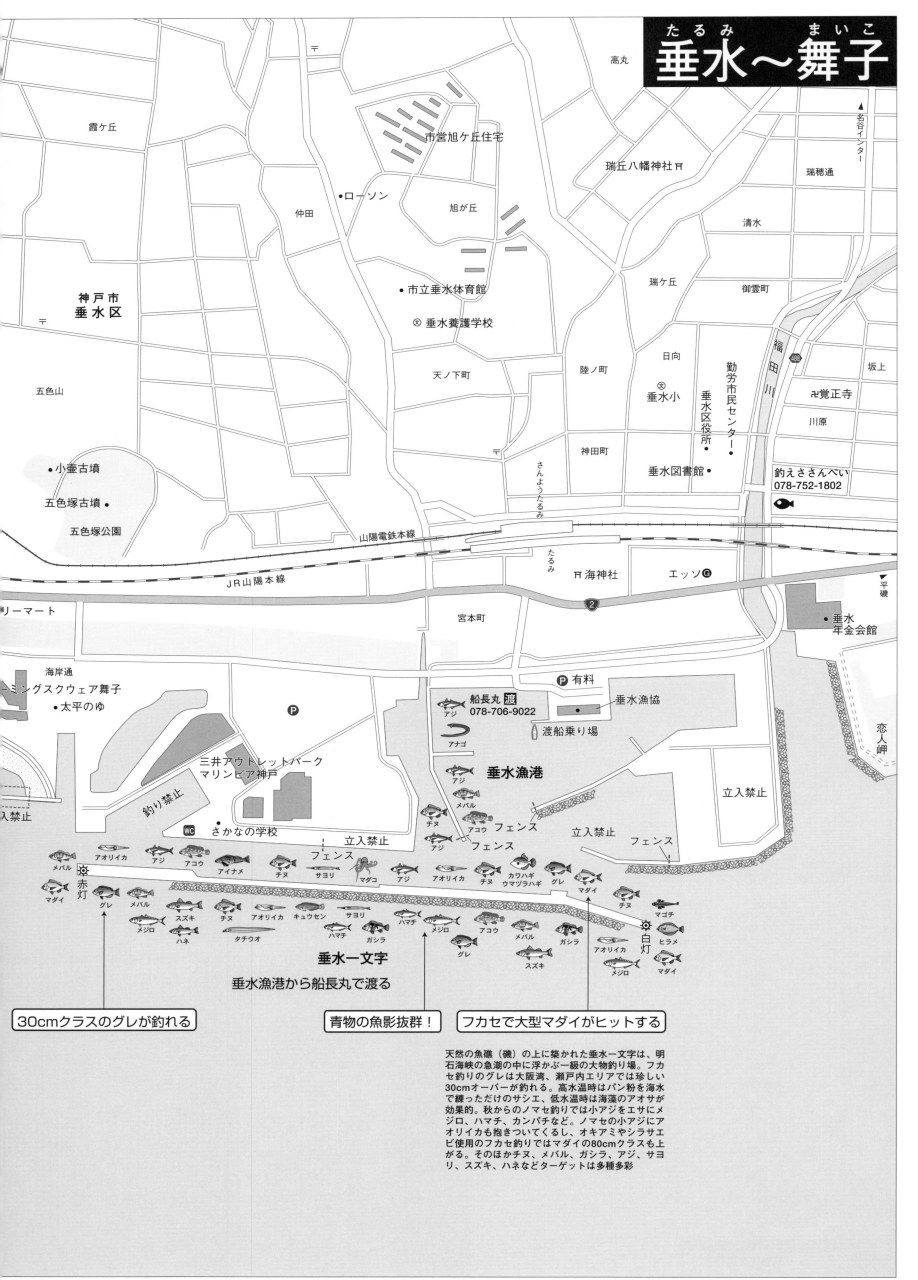

垂水《たるみ》〜舞子《まいこ》

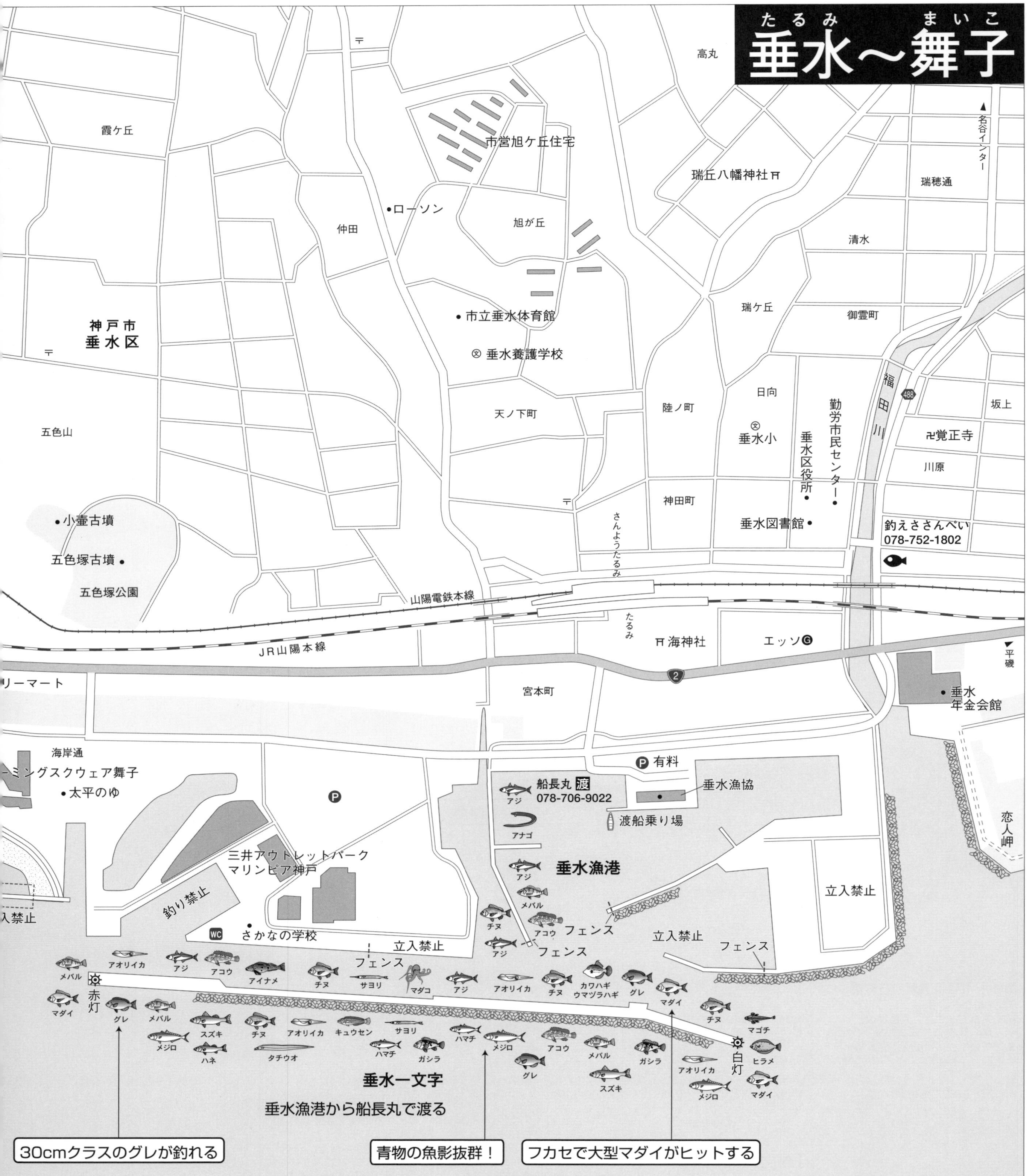

高丸
霞ケ丘
市営旭ケ丘住宅
瑞丘八幡神社
名谷インター
瑞穂通
ローソン
仲田
旭が丘
清水
瑞ケ丘
御霊町
神戸市
垂水区
市立垂水体育館
垂水養護学校
福田川
488
日向
陸ノ町
勤労市民センター
坂上
五色山
天ノ下町
垂水小
垂水区役所
覚正寺
川原
神田町
小壷古墳
五色塚古墳
五色塚公園
さんようたるみ
垂水図書館
釣えささんぺい
078-752-1802
山陽電鉄本線
たるみ
海神社
エッソ
JR山陽本線
平磯
2
リーマート
宮本町
垂水
年金会館
海岸通
ーミングスクウェア舞子
太平のゆ
有料
船長丸 渡
078-706-9022
垂水漁協
アジ
アナゴ
渡船乗り場
恋人岬
三井アウトレットパーク
マリンピア神戸
垂水漁港
釣り禁止
立入禁止
入禁止
メバル
チヌ
アコウ
フェンス
WC
さかなの学校
立入禁止
立入禁止
フェンス
フェンス
アオリイカ
アジ
アコウ
アイナメ
チヌ
サヨリ
マダコ
アジ
アオリイカ
チヌ
カワハギ
ウマヅラハギ
グレ
マダイ
赤灯
マダイ
グレ
メバル
スズキ
チヌ
アオリイカ
キュウセン
サヨリ
ハマチ
メジロ
アコウ
マゴチ
メジロ
ハネ
タチウオ
ハマチ
ガシラ
メバル
ガシラ
白灯
ヒラメ
グレ
スズキ
アオリイカ
メジロ
マダイ
垂水一文字
垂水漁港から船長丸で渡る
30cmクラスのグレが釣れる
青物の魚影抜群！
フカセで大型マダイがヒットする

天然の魚礁（磯）の上に築かれた垂水一文字は、明石海峡の急潮の中に浮かぶ一級の大物釣り場。フカセ釣りのグレは大阪湾、瀬戸内エリアでは珍しい30cmオーバーが釣れる。高水温時はパン粉を海水で練っただけのサシエ、低水温時は海藻のアオサが効果的。秋からのノマセ釣りでは小アジをエサにメジロ、ハマチ、カンパチなど。ノマセの小アジにアオリイカも抱きついてくるし、オキアミやシラサエビ使用のフカセ釣りではマダイの80cmクラスも上がる。そのほかチヌ、メバル、ガシラ、アジ、サヨリ、スズキ、ハネなどターゲットは多種多彩

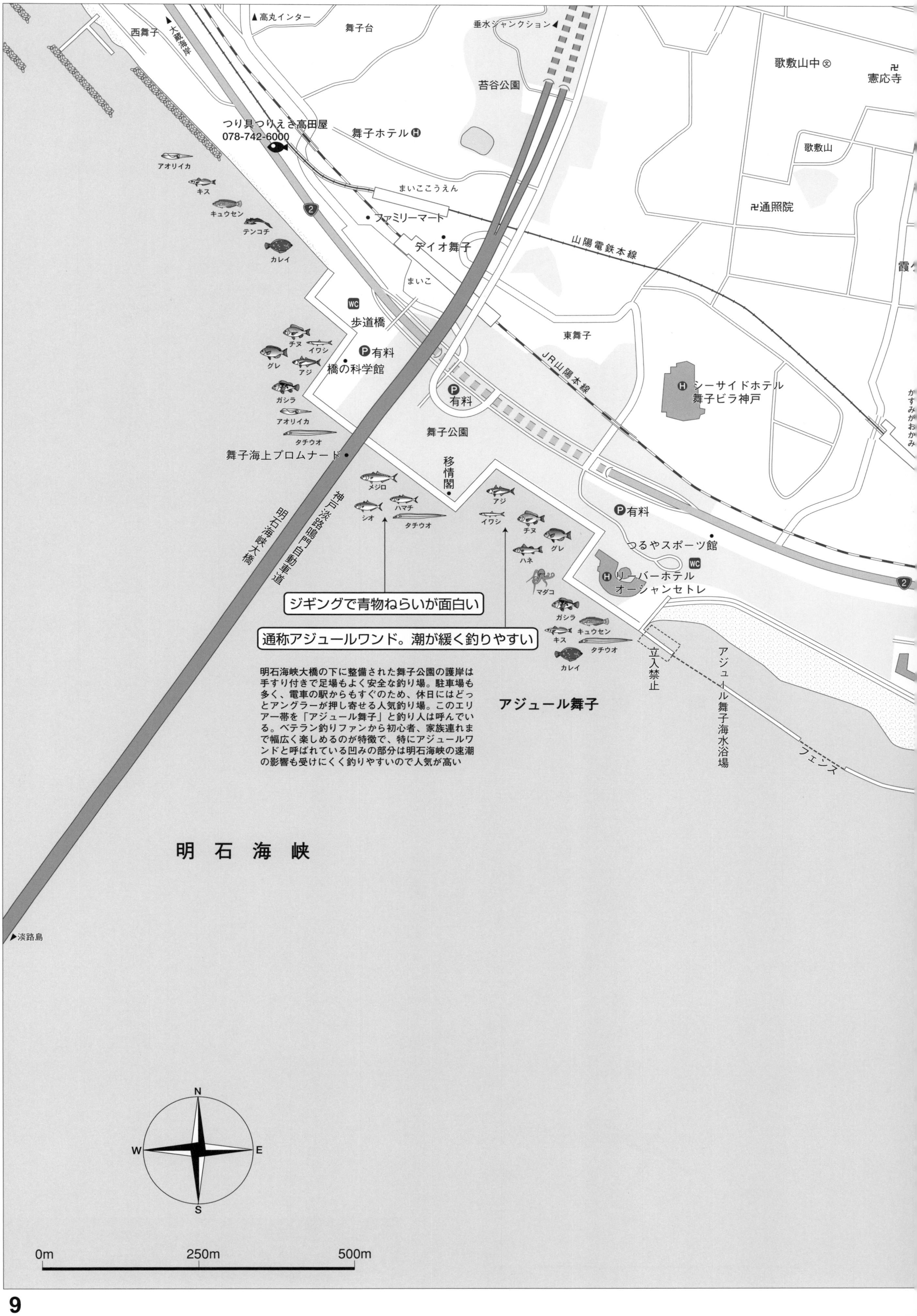

高丸インター
西舞子
大蔵海岸
舞子台
垂水ジャンクション
苔谷公園
歌敷山中
憲応寺
つり具つりえさ高田屋
078-742-6000
舞子ホテル
歌敷山
アオリイカ
キス
キュウセン
テンコチ
カレイ
まいこ公園
ファミリーマート
ダイオ舞子
まいこ
通照院
山陽電鉄本線
歩道橋
東舞子
チヌ
イワシ
グレ
アジ
有料
橋の科学館
JR山陽本線
シーサイドホテル
舞子ビラ神戸
ガシラ
アオリイカ
タチウオ
有料
舞子公園
舞子海上プロムナード
移情閣
メジロ
ハマチ
シオ
タチウオ
アジ
イワシ
チヌ
グレ
ハネ
有料
つるやスポーツ館
神戸淡路鳴門自動車道
明石海峡大橋
マダコ
リーバーホテル
オーシャンセトレ
ガシラ
キュウセン
キス
タチウオ
カレイ
ジギングで青物ねらいが面白い
通称アジュールワンド。潮が緩く釣りやすい
立入禁止
アジュール舞子海水浴場
アジュール舞子
フェンス
明石海峡
淡路島
かすみがおか
N
S
E
W
0m
250m
500m

明石海峡大橋の下に整備された舞子公園の護岸は手すり付きで足場もよく安全な釣り場。駐車場も多く、電車の駅からもすぐのため、休日にはどっとアングラーが押し寄せる人気釣り場。このエリア一帯を「アジュール舞子」と釣り人は呼んでいる。ベテラン釣りファンから初心者、家族連れまで幅広く楽しめるのが特徴で、特にアジュールワンドと呼ばれている凹みの部分は明石海峡の速潮の影響も受けにくく釣りやすいので人気が高い

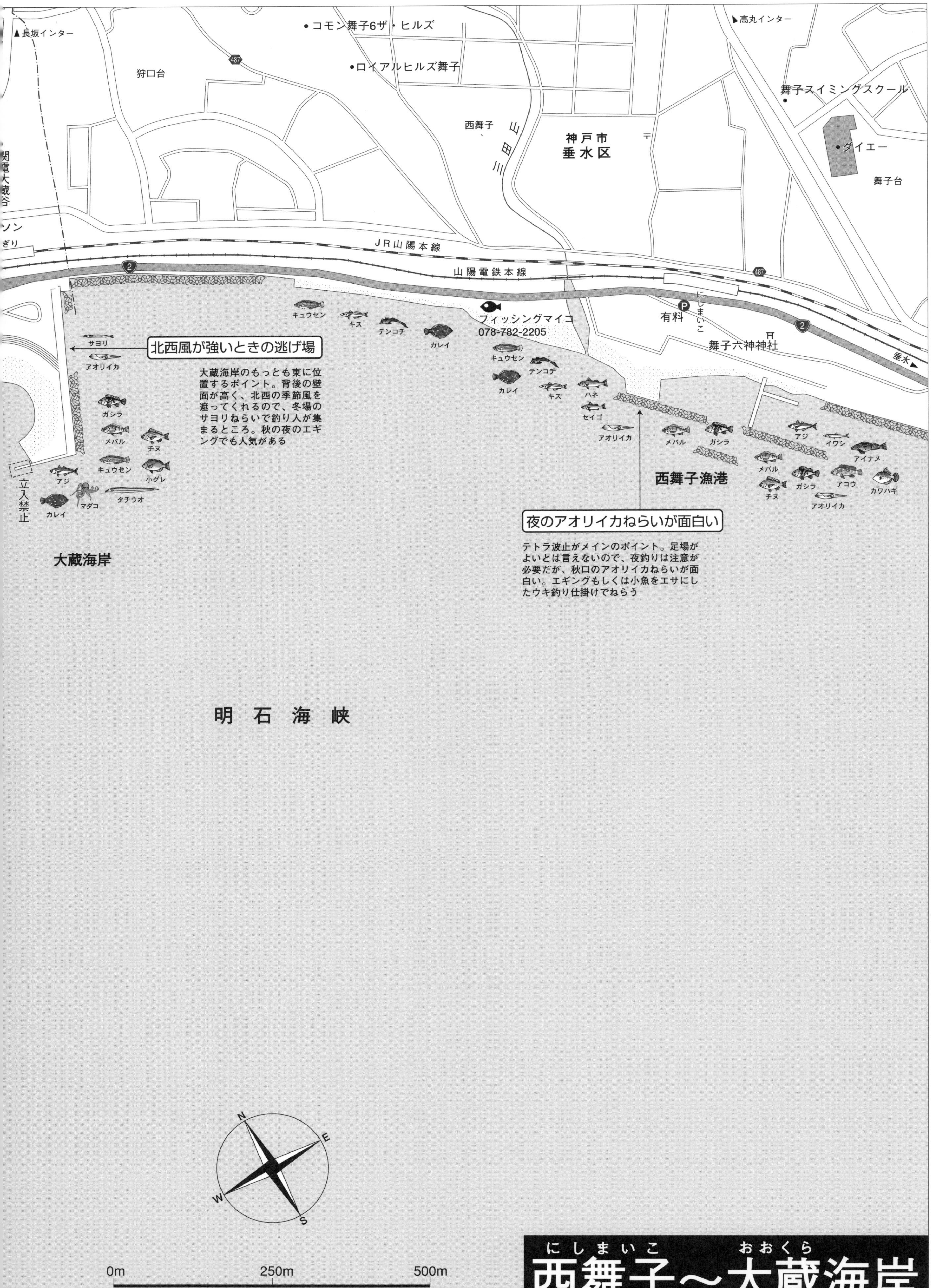

長坂インター
コモン舞子6ザ・ヒルズ
ロイアルヒルズ舞子
狩口台
487
西舞子
三田山
神戸市
垂水区
高丸インター
舞子スイミングスクール
ダイエー
舞子台
JR山陽本線
山陽電鉄本線
2
フィッシングマイコ
078-782-2205
有料
にしまいこ
舞子六神神社
垂水
北西風が強いときの逃げ場
大蔵海岸のもっとも東に位置するポイント。背後の壁面が高く、北西の季節風を遮ってくれるので、冬場のサヨリねらいで釣り人が集まるところ。秋の夜のエギングでも人気がある
サヨリ
アオリイカ
ガシラ
メバル
チヌ
キュウセン
小グレ
アジ
マダコ
タチウオ
カレイ
立入禁止
大蔵海岸
キュウセン
キス
テンコチ
カレイ
ハネ
セイゴ
アオリイカ
メバル
ガシラ
アジ
イワシ
アイナメ
アコウ
カワハギ
西舞子漁港
夜のアオリイカねらいが面白い
テトラ波止がメインのポイント。足場がよいとは言えないので、夜釣りは注意が必要だが、秋口のアオリイカねらいが面白い。エギングもしくは小魚をエサにしたウキ釣り仕掛けでねらう
明石海峡
N
E
S
W
0m
250m
500m

西舞子《にしまいこ》～大蔵《おおくら》海岸

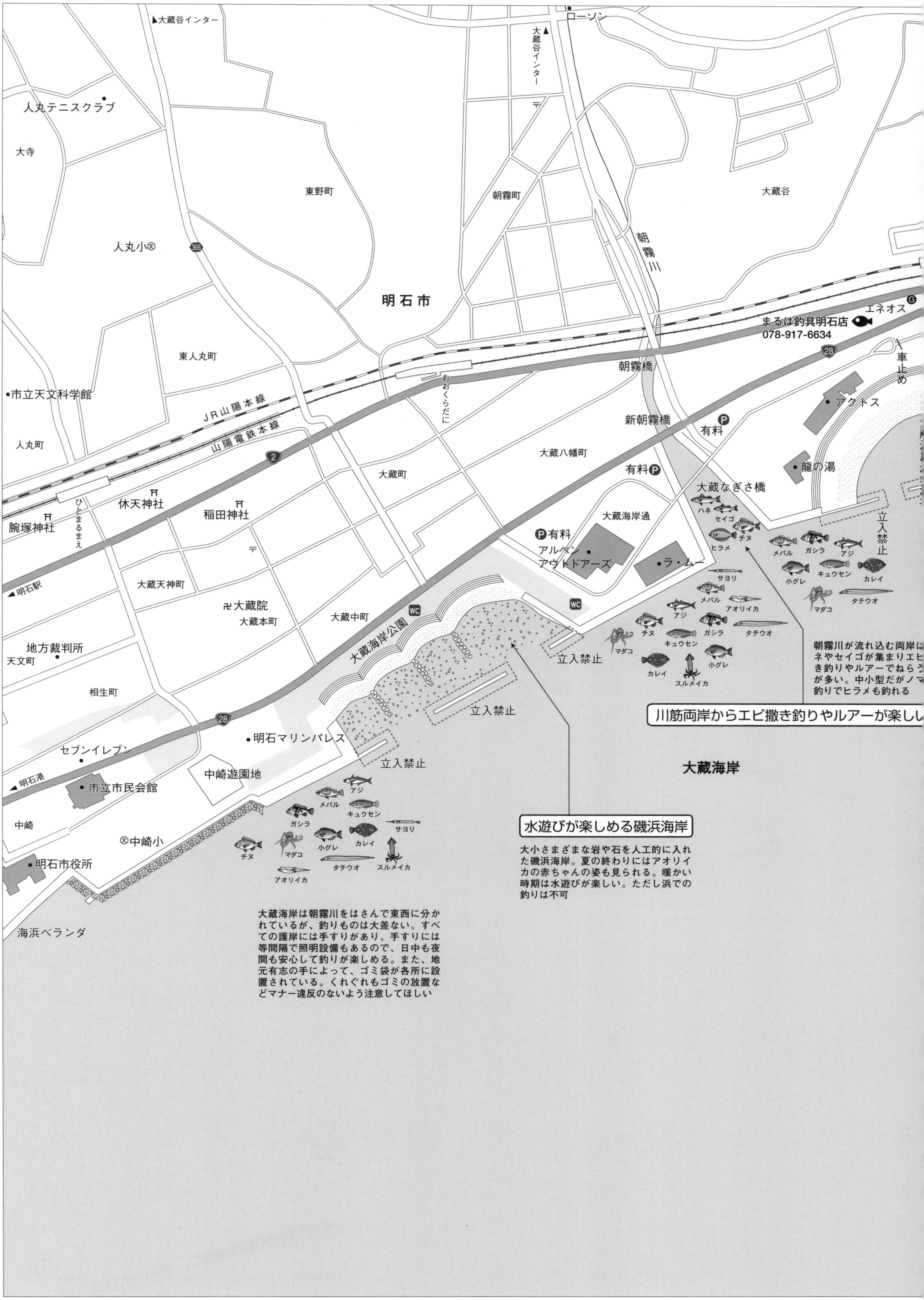

大蔵谷インター
ローソン
大蔵谷インター
人丸テニスクラブ
大寺
東野町
朝霧町
大蔵谷
人丸小
366
朝霧川
明石市
エネオス
まるは釣具明石店
078-917-6634
28
車止め
東人丸町
朝霧橋
おおくらだに
市立天文科学館
JR山陽本線
山陽電鉄本線
アクトス
人丸町
2
新朝霧橋
有料
大蔵八幡町
龍の湯
大蔵町
有料
大蔵なぎさ橋
休天神社
稲田神社
ひとまるまえ
腕塚神社
大蔵海岸通
ハネ
セイゴ
チヌ
ヒラメ
有料
アルペンアウトドアーズ
ラ・ムー
メバル
ガシラ
アジ
立入禁止
サヨリ
小グレ
キュウセン
カレイ
明石駅
大蔵天神町
大蔵院
大蔵本町
大蔵中町
WC
WC
メバル
アオリイカ
マダコ
タチウオ
アジ
チヌ
ガシラ
タチウオ
地方裁判所
天文町
大蔵海岸公園
マダコ
キュウセン
立入禁止
カレイ
スルメイカ
小グレ
朝霧川が流れ込む両岸は
ネやセイゴが集まりエビ
き釣りやルアーでねらう
が多い。中小型だがノマ
釣りでヒラメも釣れる
相生町
立入禁止
川筋両岸からエビ撒き釣りやルアーが楽し
28
明石マリンパレス
セブンイレブン
立入禁止
大蔵海岸
明石港
中崎遊園地
市立市民会館
アジ
メバル
キュウセン
ガシラ
サヨリ
中崎
中崎小
チヌ
マダコ
小グレ
カレイ
水遊びが楽しめる磯浜海岸
明石市役所
タチウオ
スルメイカ
アオリイカ
大小さまざまな岩や石を人工的に入れた磯浜海岸。夏の終わりにはアオリイカの赤ちゃんの姿も見られる。暖かい時期は水遊びが楽しい。ただし浜での釣りは不可
海浜ベランダ
大蔵海岸は朝霧川をはさんで東西に分かれているが、釣りものは大差ない。すべての護岸には手すりがあり、手すりには等間隔で照明設備もあるので、日中も夜間も安心して釣りが楽しめる。また、地元有志の手によって、ゴミ袋が各所に設置されている。くれぐれもゴミの放置などマナー違反のないよう注意してほしい

明石公園
大蔵谷インター
山下町
神戸大附属
明石中
明石小
月照寺
神戸大附属明石小
大明石町
セブンイレブン
あかし
さんようあかし
JR山陽本線
人丸町
ファミリーマート
ローソン
ジュンク堂
アスピア明石
山陽電鉄本線
東仲ノ町
阪田釣具店
078-911-4700
セブンイレブン
腕塚神社
明石局
明石庁舎
モービル
石市
本町
桜町
舞子
天文町
鍛治屋町
朝顔光明寺
地方裁判所
淡路ジェノバライン乗り場
浜光明寺
宝林寺
相生町
錦江橋
渡船乗り場
誓寺
長林寺
中崎橋
明石つりエサセンター
078-912-9796
セブンイレブン
大蔵海岸
岩屋神社
中崎
中崎分署
有料
市立市民会館
明石市役所
イワシ
アジ
明石港
有料
中崎小
港町
ハネ
アナゴ
カレイ
セイゴ
アオリイカ
砂置き場
海浜ベランダ
トーフ
アナゴ
赤灯
マダコ
キュウセン
チヌ
グレ
アオリイカ
メバル
ガシラ
アイナメ
アオリイカ
アイナメ
チヌ
カレイ
タチウオ
メジロ
ハマチ
スズキ
メバル
ガシラ
ガシラ
メバル
白灯
アイナメ
海浜ベランダ
明石浦漁港
カレイ
チヌ・グレの最高ポイント
通称トーフは少人数しかサオが振れないが、フカセや紀州釣りの人気ポイント。ブッ込みノマセで青物もOK
マダイ
バル
ガシラ
明石一文字
メジロ
アイナメ
一文字は東先端がもっとも面白いポイント。ノマセで青物や投げ釣りでマダイなど大物がねらえる
ハマチ
マダコ
50cmオーバーの大型イシガレイが投げ釣りでヒットする
明石港から明石つりエサセンターの渡船で渡る
海浜ベランダは手すり付きの安全な護岸でファミリーフィッシングに人気のポイントだが、毎年秋の乗っ込み時期に大型のカレイが釣れるので、本格的なキャスターの姿も多い。イシガレイは50cmオーバー、マコガレイも40cmクラスがヒットする
N
W
E
S
0m
250m
500m

明石《あかし》港周辺

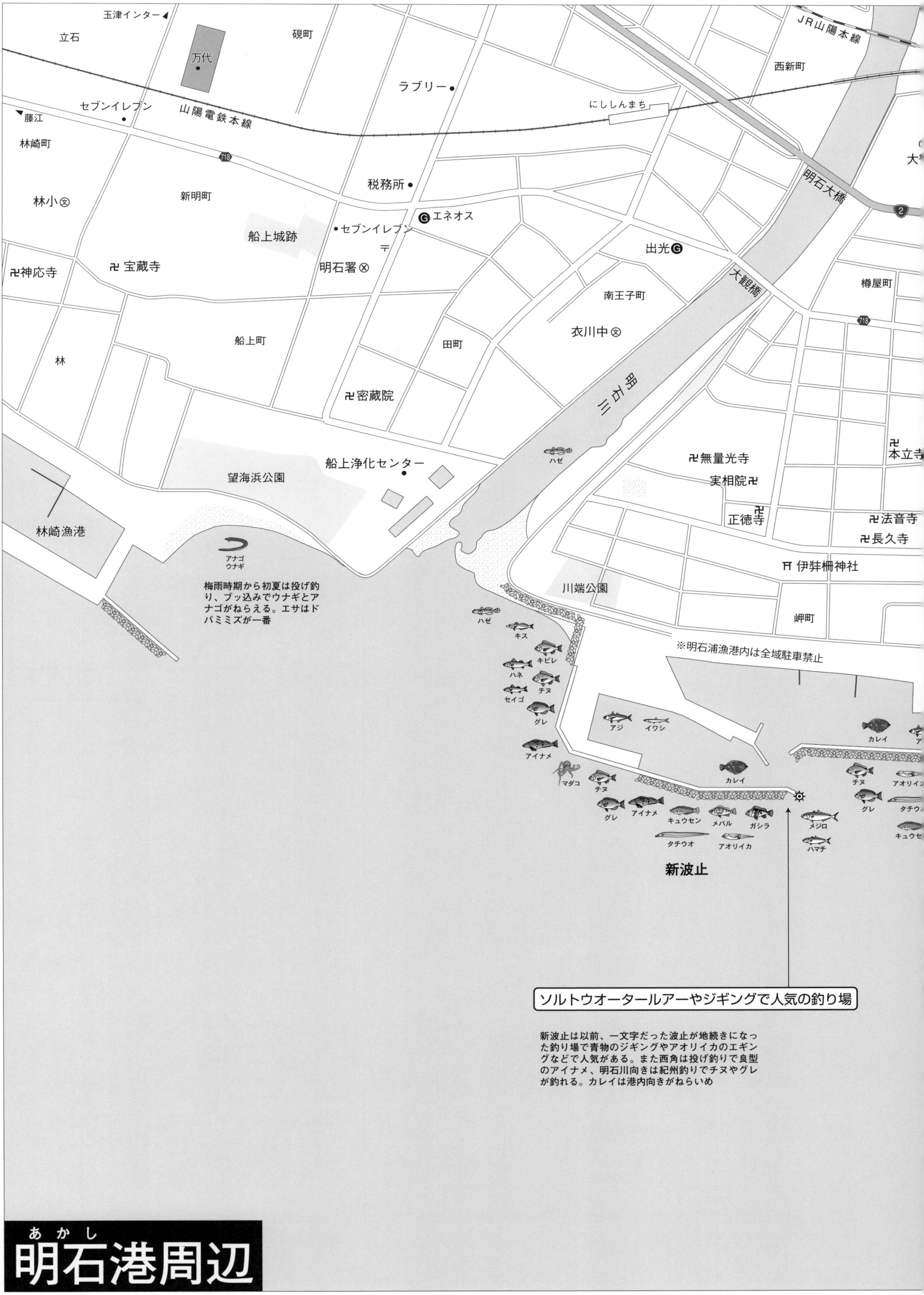

玉津インター
立石
万代
硯町
ラブリー
JR山陽本線
西新町
藤江
セブンイレブン
山陽電鉄本線
にししんまち
林崎町
718
明石大橋
2
税務所
林小
新明町
エネオス
船上城跡
セブンイレブン
出光
神応寺
宝蔵寺
明石署
大観橋
樽屋町
南王子町
衣川中
718
船上町
田町
林
密蔵院
明石川
ハゼ
無量光寺
本立寺
船上浄化センター
望海浜公園
実相院
正徳寺
法音寺
林崎漁港
長久寺
アナゴ
ウナギ
伊弉冊神社
梅雨時期から初夏は投げ釣り、ブッ込みでウナギとアナゴがねらえる。エサはドバミミズが一番
川端公園
ハゼ
岬町
キス
キビレ
※明石浦漁港内は全域駐車禁止
ハネ
チヌ
セイゴ
グレ
アジ
イワシ
カレイ
アイナメ
マダコ
チヌ
カレイ
チヌ
グレ
アイナメ
キュウセン
メバル
ガシラ
メジロ
グレ
タチウオ
アオリイカ
ハマチ
新波止
ソルトウオータールアーやジギングで人気の釣り場
新波止は以前、一文字だった波止が地続きになった釣り場で青物のジギングやアオリイカのエギングなどで人気がある。また西角は投げ釣りで良型のアイナメ、明石川向きは紀州釣りでチヌやグレが釣れる。カレイは港内向きがねらいめ

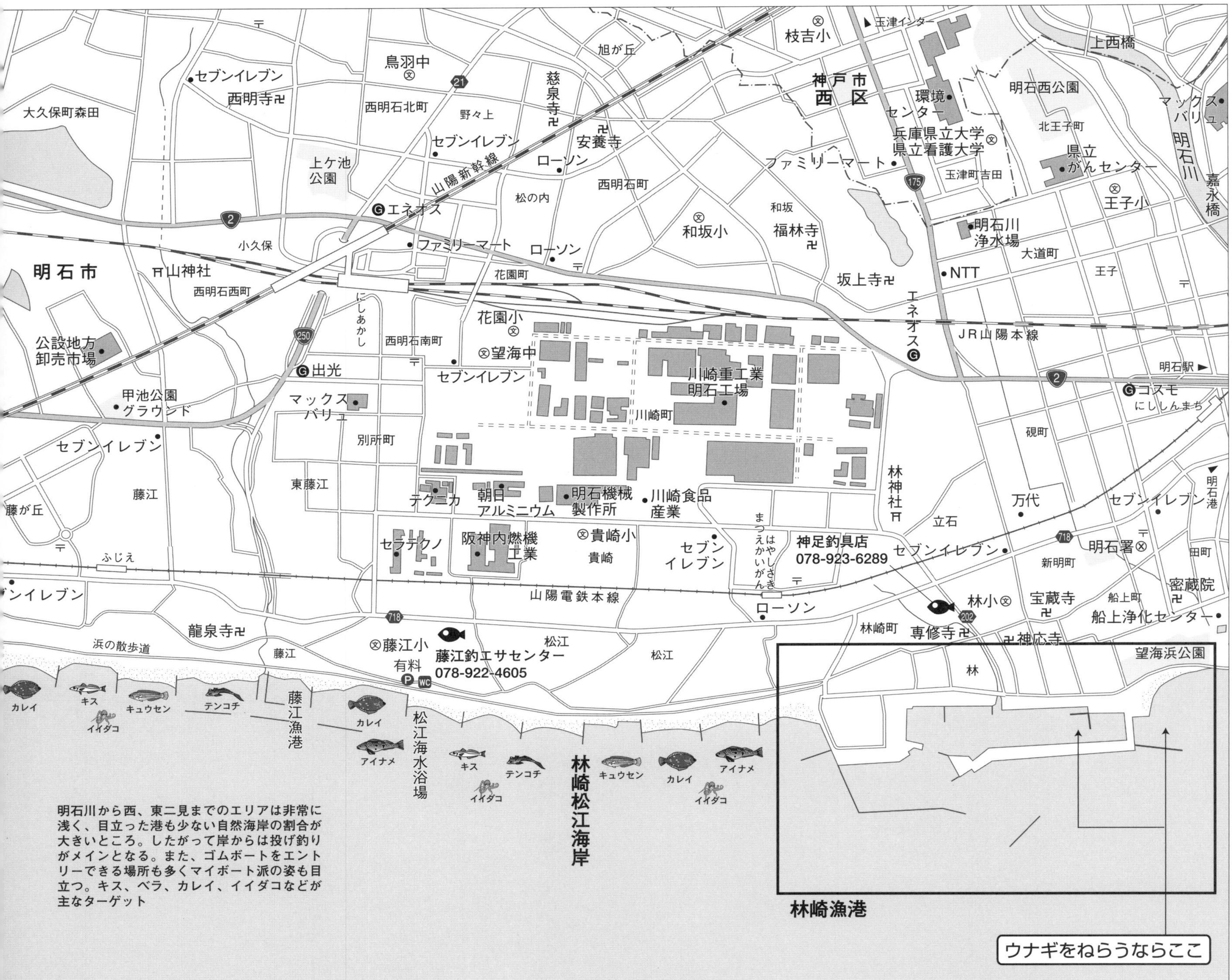

明石市
神戸市
西区
枝吉小
玉津インター
鳥羽中
旭が丘
慈泉寺
セブンイレブン
西明寺
大久保町森田
西明石北町
野々上
安養寺
上ケ池公園
山陽新幹線
ローソン
西明石町
エネオス
松の内
環境センター
兵庫県立大学
県立看護大学
ファミリーマート
玉津町吉田
明石西公園
北王子町
県立がんセンター
王子小
上西橋
マックスバリュ
明石川
嘉永橋
和坂小
和坂
福林寺
明石川浄水場
大道町
小久保
山神社
西明石西町
花園町
坂上寺
NTT
王子
にしあかし
花園小
望海中
西明石南町
JR山陽本線
明石駅
公設地方卸売市場
出光
川崎重工業明石工場
川崎町
コスモ
にししんまち
甲池公園グラウンド
マックスバリュ
別所町
硯町
林神社
東藤江
藤江
藤が丘
テクニカ
朝日アルミニウム
明石機械製作所
川崎食品産業
万代
立石
明石港
セラテクノ
阪神内燃機工業
貴崎小
貴崎
まつえはかいしがん
神足釣具店
078-923-6289
明石署
田町
ふじえ
新明町
山陽電鉄本線
林小
宝蔵寺
船上町
密蔵院
龍泉寺
浜の散歩道
藤江小
有料
藤江釣エサセンター
078-922-4605
松江
林崎町
専修寺
神応寺
船上浄化センター
望海浜公園
林
カレイ
キス
イイダコ
キュウセン
テンコチ
藤江漁港
アイナメ
松江海水浴場
林崎松江海岸
林崎漁港
ウナギをねらうならここ

明石川から西、東二見までのエリアは非常に浅く、目立った港も少ない自然海岸の割合が大きいところ。したがって岸からは投げ釣りがメインとなる。また、ゴムボートをエントリーできる場所も多くマイボート派の姿も目立つ。キス、ベラ、カレイ、イイダコなどが主なターゲット

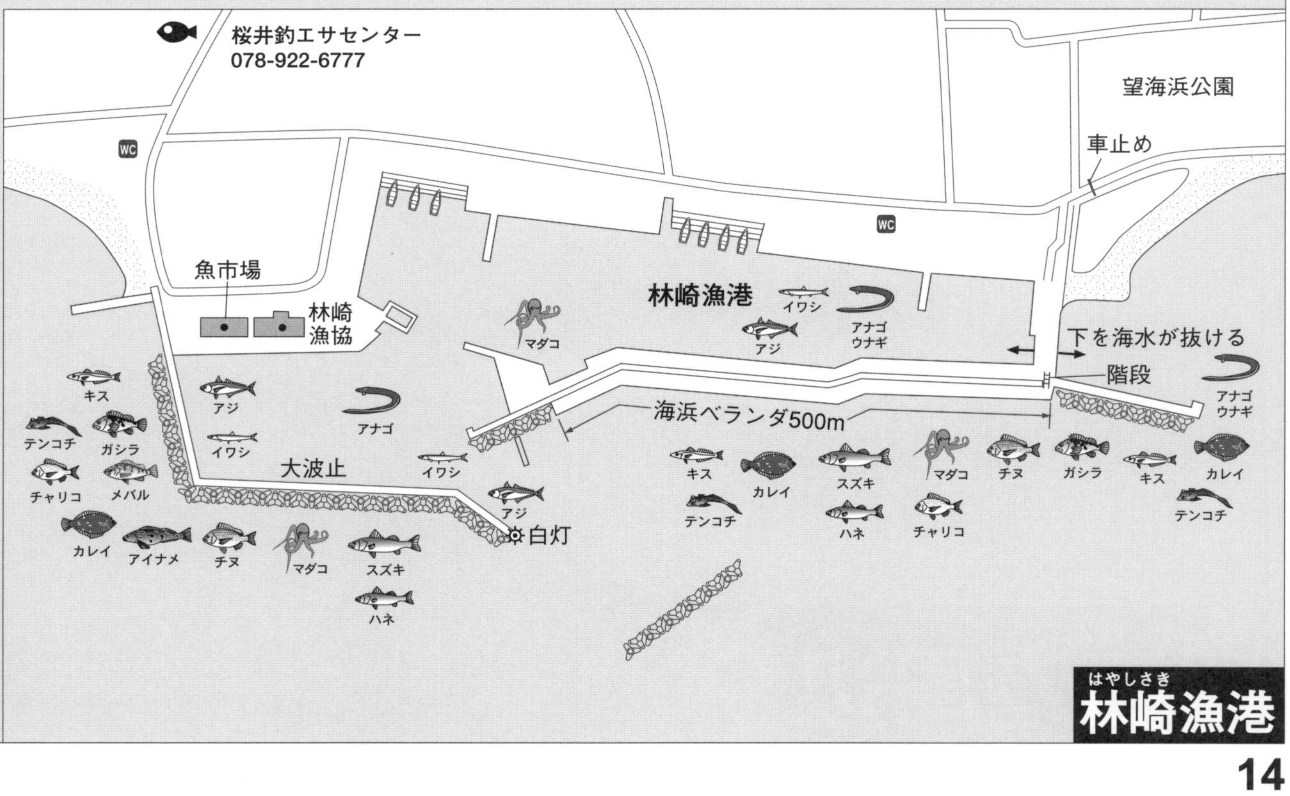

桜井釣エサセンター
078-922-6777
望海浜公園
車止め
魚市場
林崎漁協
林崎漁港
イワシ
アナゴ
ウナギ
アジ
マダコ
下を海水が抜ける
階段
海浜ベランダ500m
大波止
白灯
キス
テンコチ
ガシラ
チャリコ
メバル
カレイ
アイナメ
チヌ
スズキ
ハネ

林崎漁港の釣り場は大きく東西に分けることができる。東側は手すりが設置された海浜ベランダとなっていて安全なため、ファミリーフィッシングにも人気がある場所。西側の大きい波止の外側はテトラがびっしり入っており注意が必要だが、投げ釣りファンに人気があり良型のカレイやチヌなどがねらえる。港内と東側の波止内向きはウナギやアナゴの好ポイント

林崎《はやしさき》漁港

林崎《はやしさき》～江井島《えいがしま》

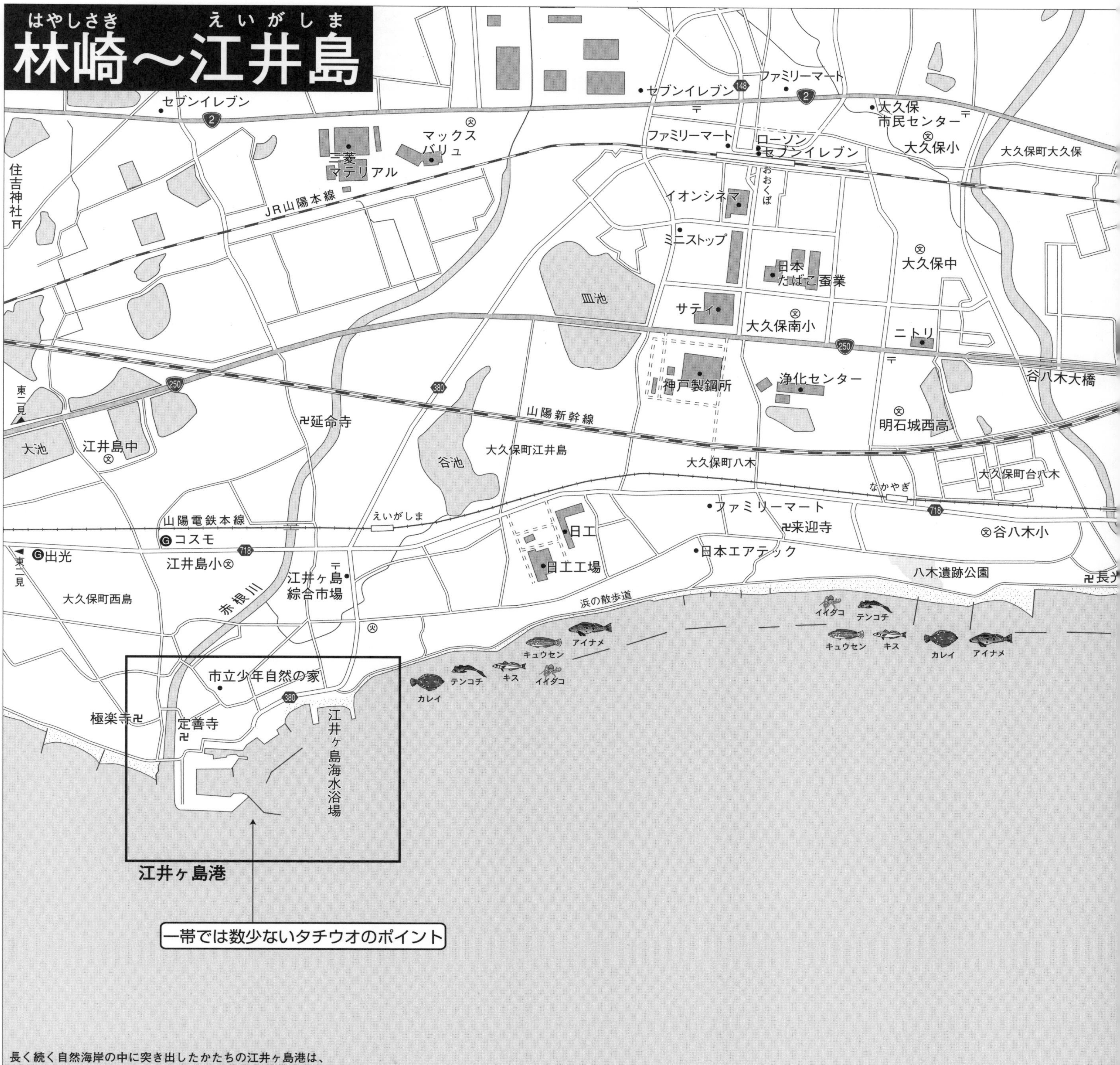

セブンイレブン
セブンイレブン
ファミリーマート
大久保
市民センター
ファミリーマート
ローソン
セブンイレブン
大久保小
大久保町大久保
住吉神社
三菱
マテリアル
マックス
バリュ
JR山陽本線
おおくぼ
イオンシネマ
ミニストップ
大久保中
日本
たばこ産業
皿池
サティ
大久保南小
ニトリ
神戸製鋼所
浄化センター
谷八木大橋
東二見
延命寺
山陽新幹線
明石城西高
大池
江井島中
谷池
大久保町江井島
大久保町八木
大久保町台八木
なかやぎ
山陽電鉄本線
えいがしま
ファミリーマート
日工
来迎寺
谷八木小
コスモ
出光
東二見
江井島小
日工工場
日本エアテック
八木遺跡公園
長光
江井ヶ島
綜合市場
大久保町西島
赤根川
浜の散歩道
イイダコ
テンコチ
キュウセン
キス
カレイ
アイナメ
市立少年自然の家
極楽寺
定善寺
江井ヶ島海水浴場
江井ヶ島港
一帯では数少ないタチウオのポイント

長く続く自然海岸の中に突き出したかたちの江井ヶ島港は、多くの魚たちが集まる好ポイント。投げ釣りや根魚ねらいの探り釣り、ルアーフィッシングはもちろん、このエリアでは数少ないタチウオポイントでもある

江井ヶ島《えいがしま》港

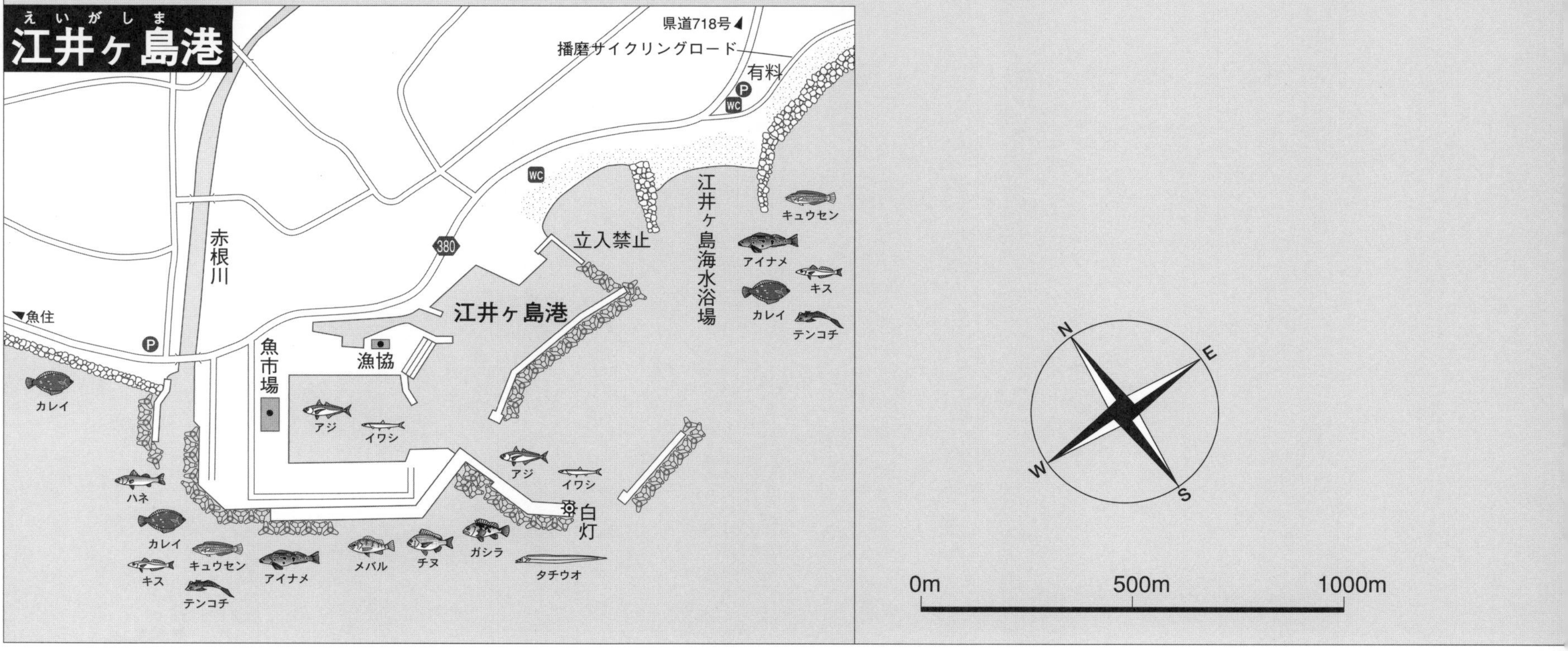

県道718号
播磨サイクリングロード
有料
WC
江井ヶ島海水浴場
キュウセン
アイナメ
キス
カレイ
テンコチ
赤根川
立入禁止
江井ヶ島港
魚住
魚市場
漁協
カレイ
アジ
イワシ
アジ
イワシ
ハネ
白灯
カレイ
キュウセン
アイナメ
メバル
チヌ
ガシラ
タチウオ
キス
テンコチ
N
E
W
S
0m
500m
1000m

魚住《うおずみ》〜二見《ふたみ》人工島

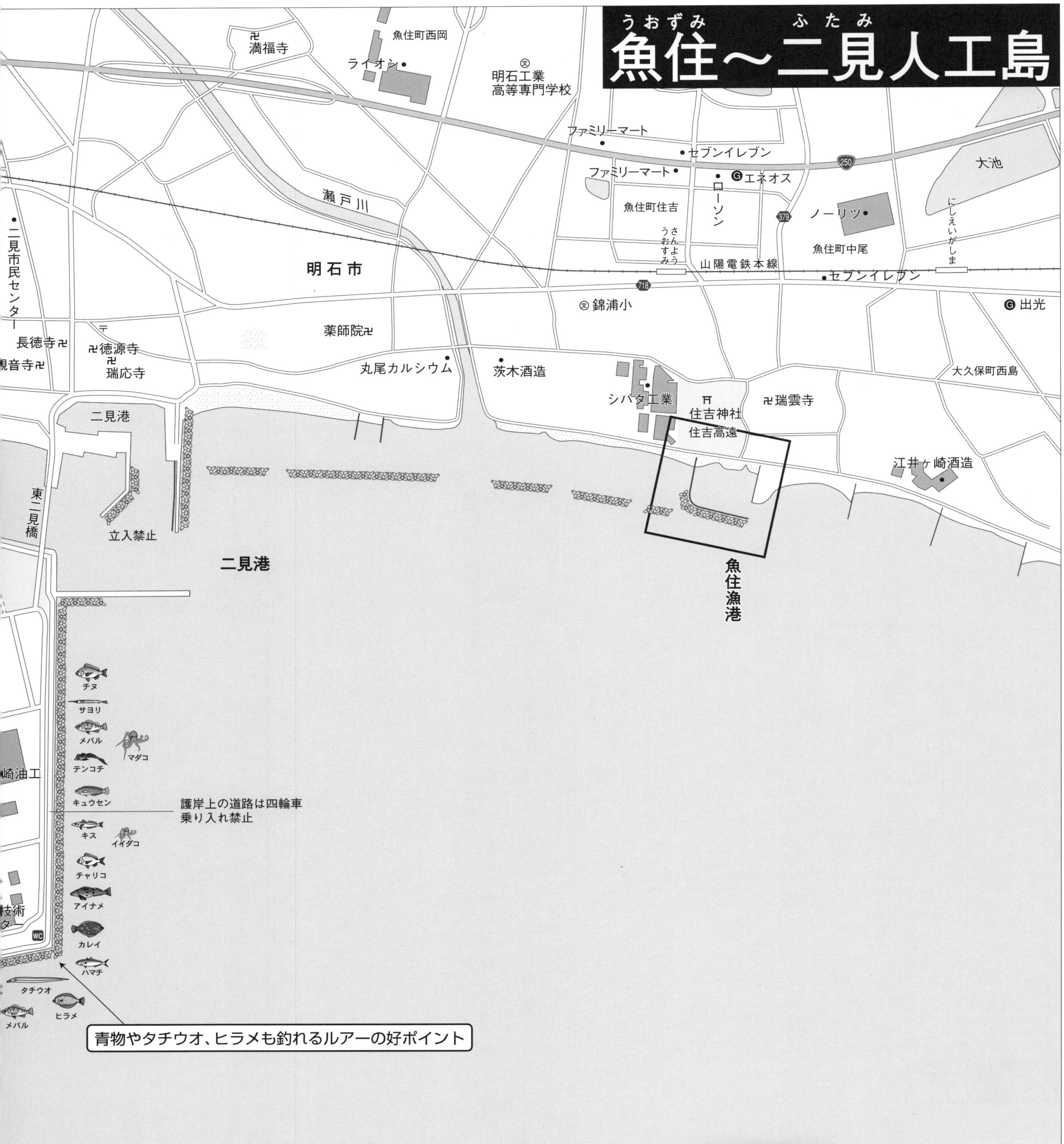

魚住町西岡
満福寺
ライオン
明石工業
高等専門学校
ファミリーマート
セブンイレブン
ファミリーマート
エネオス
大池
250
瀬戸川
魚住町住吉
ローソン
379
ノーリツ
にしえいがしま
うおさんすみよう
魚住町中尾
二見市民センター
明石市
山陽電鉄本線
セブンイレブン
718
錦浦小
出光
薬師院
長徳寺
徳源寺
瑞応寺
観音寺
丸尾カルシウム
茨木酒造
大久保町西島
シバタ工業
住吉神社
瑞雲寺
住吉高遠
二見港
江井ヶ崎酒造
東二見橋
立入禁止
二見港
魚住漁港
チヌ
サヨリ
メバル
マダコ
テンコチ
崎油工
キュウセン
護岸上の道路は四輪車
乗り入れ禁止
キス
イイダコ
チャリコ
アイナメ
技術
カレイ
ハマチ
タチウオ
ヒラメ
メバル
青物やタチウオ、ヒラメも釣れるルアーの好ポイント

魚住《うおずみ》漁港

県道718号
魚住漁港
アジ
石組みの波止
サバ
イワシ
サヨリ
テンコチ
ガシラ
カレイ
チヌ
チャリコ
カワハギ
メバル
キス
アイナメ
タチウオ
イイダコ

石積みとテトラだけで造られた小さな漁港。メバルやソイ、ガシラなど根魚がメインの釣りもの。投げ釣りのカレイもいける。秋に港内にイワシを追ったタチウオが入り込むこともあるそうだ

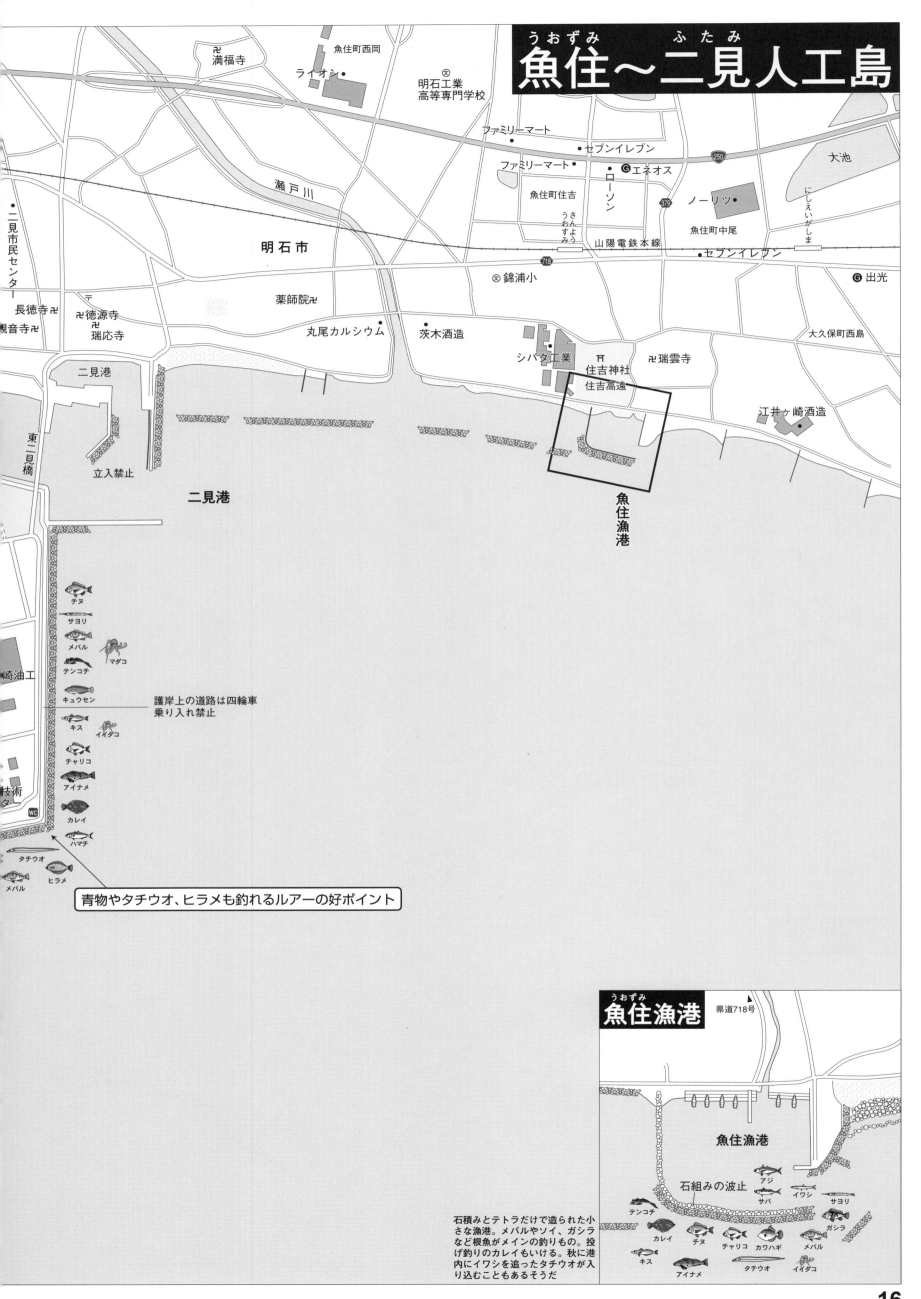

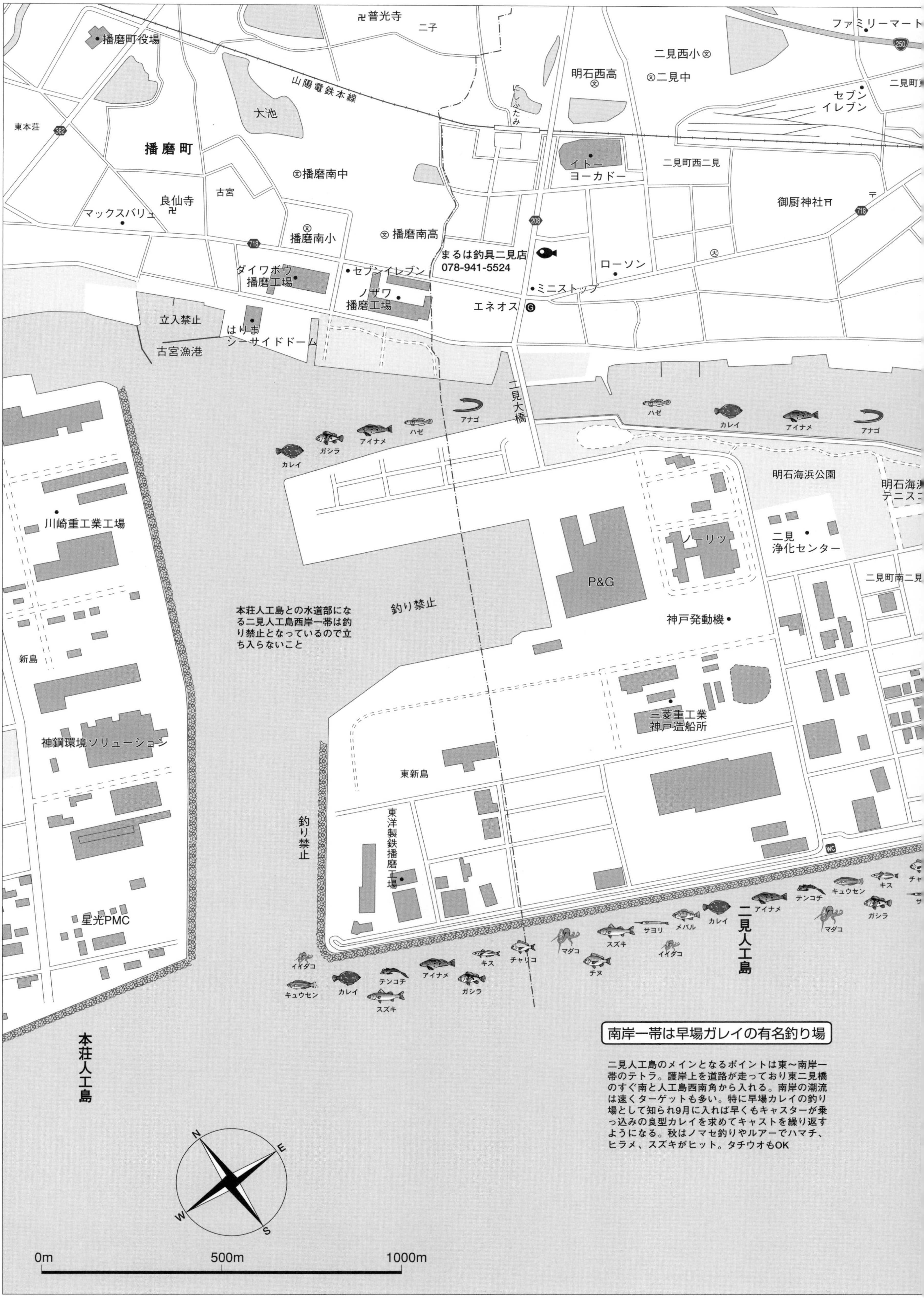
普光寺
二子
播磨町役場
ファミリーマート
250
二見西小
明石西高
二見中
山陽電鉄本線
にしふたみ
二見町東
セブンイレブン
大池
東本荘
382
播磨町
イトーヨーカドー
二見町西二見
播磨南中
古宮
良仙寺
マックスバリュ
御厨神社
718
208
播磨南小
播磨南高
まるは釣具二見店
078-941-5524
ローソン
ダイワボウ播磨工場
セブンイレブン
ノザワ播磨工場
ミニストップ
エネオス
立入禁止
はりまシーサイドドーム
古宮漁港
二見大橋
ハゼ
カレイ
アイナメ
アナゴ
ガシラ
明石海浜公園
明石海浜テニスコ
川崎重工業工場
ノーリツ
二見浄化センター
P&G
二見町南二見
釣り禁止
本荘人工島との水道部になる二見人工島西岸一帯は釣り禁止となっているので立ち入らないこと
神戸発動機
新島
三菱重工業神戸造船所
神鋼環境ソリューション
東新島
東洋製鉄播磨工場
釣り禁止
星光PMC
WC
キス
キュウセン
テンコチ
マダコ
メバル
サヨリ
スズキ
イイダコ
チヌ
チャリコ
二見人工島
本荘人工島
N
E
S
W
0m
500m
1000m

南岸一帯は早場ガレイの有名釣り場

二見人工島のメインとなるポイントは東〜南岸一帯のテトラ。護岸上を道路が走っており東二見橋のすぐ南と人工島西南角から入れる。南岸の潮流は速くターゲットも多い。特に早場カレイの釣り場として知られ9月に入れば早くもキャスターが乗っ込みの良型カレイを求めてキャストを繰り返すようになる。秋はノマセ釣りやルアーでハマチ、ヒラメ、スズキがヒット。タチウオもOK

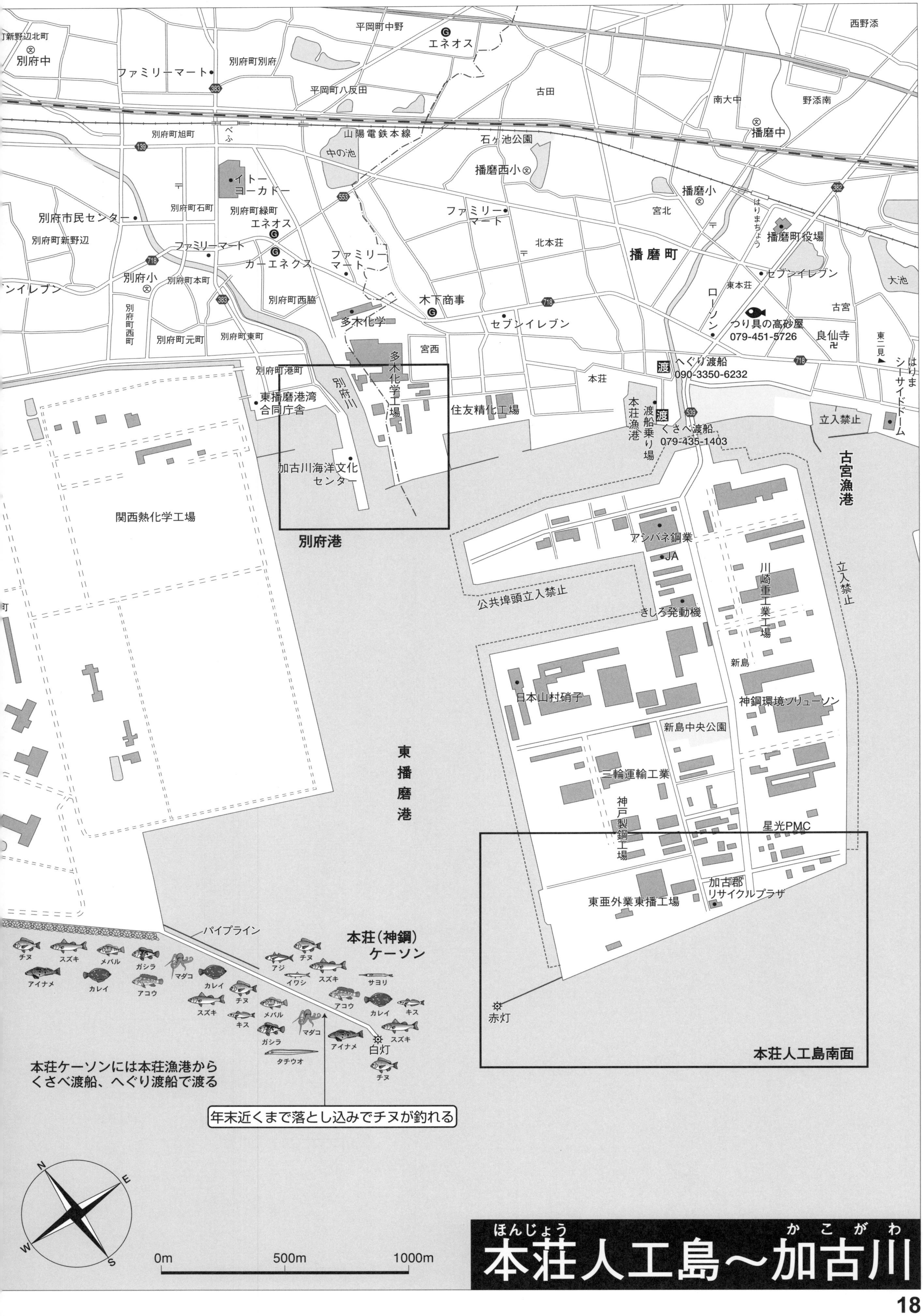

西野添
別府中
町新野辺北町
ファミリーマート
別府町別府
平岡町中野
エネオス
平岡町八反田
古田
南大中
野添南
播磨中
別府町旭町
べふ
山陽電鉄本線
石ヶ池公園
中の池
播磨西小
イトー
ヨーカドー
播磨小
宮北
はりまちょう
播磨町役場
別府市民センター
別府町石町
別府町緑町
エネオス
ファミリー
マート
北本荘
播磨町
別府町新野辺
ファミリーマート
カーエネクス
ファミリー
マート
セブンイレブン
東本荘
大池
ンイレブン
別府小
別府町本町
別府町西脇
木下商事
ローソン
古宮
別府町西町
多木化学
セブンイレブン
つり具の高砂屋
079-451-5726
良仙寺
東二見
別府町元町
別府町東町
宮西
はりまシーサイドドーム
別府町港町
多木化学工場
別府川
へぐり渡船
090-3350-6232
本荘
東播磨港湾
合同庁舎
住友精化工場
本荘漁港
渡船乗り場
くさべ渡船
079-435-1403
立入禁止
古宮漁港
加古川海洋文化
センター
関西熱化学工場
別府港
アシバネ鋼業
JA
川崎重工業工場
立入禁止
公共埠頭立入禁止
きしろ発動機
新島
日本山村硝子
神鋼環境ソリューソン
新島中央公園
東播磨港
三輪運輸工業
神戸製鋼工場
星光PMC
加古郡
リサイクルプラザ
東亜外業東播工場
パイプライン
本荘（神鋼）
ケーソン
チヌ
スズキ
メバル
ガシラ
マダコ
アイナメ
カレイ
アコウ
アジ
イワシ
スズキ
サヨリ
カレイ
チヌ
アコウ
カレイ
キス
スズキ
キス
メバル
マダコ
アイナメ
ガシラ
スズキ
白灯
タチウオ
チヌ
赤灯
本荘人工島南面
本荘ケーソンには本荘漁港から
くさべ渡船、へぐり渡船で渡る
年末近くまで落とし込みでチヌが釣れる
N
E
W
S
0m
500m
1000m

本荘《ほんじょう》人工島～加古川《かこがわ》

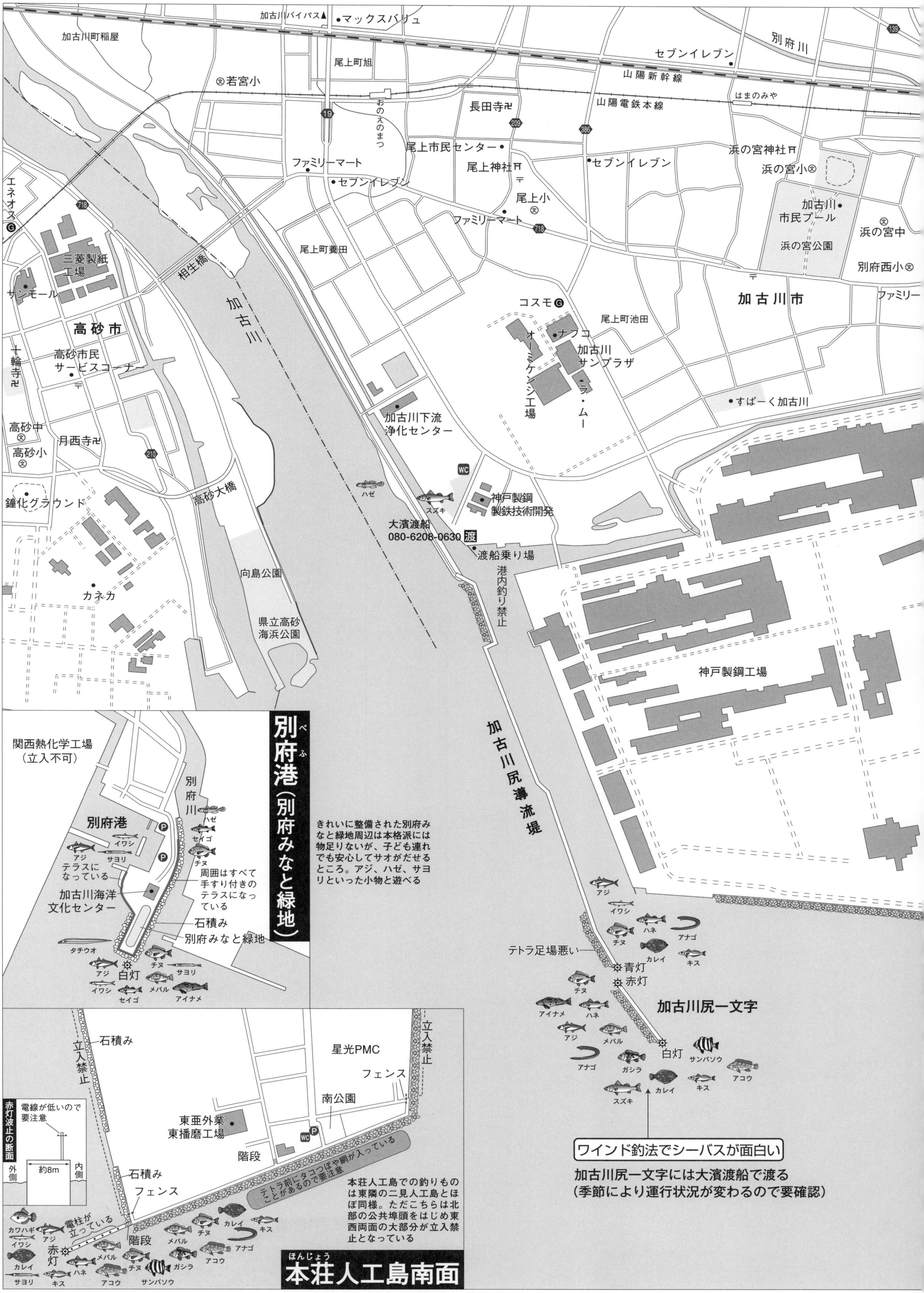
加古川バイパス
マックスバリュ
加古川町稲屋
別府川
セブンイレブン
山陽新幹線
尾上町旭
若宮小
はまのみや
長田寺
山陽電鉄本線
おのえのまつ
尾上市民センター
浜の宮神社
ファミリーマート
尾上神社
セブンイレブン
浜の宮小
セブンイレブン
エネオス
尾上小
加古川市民プール
ファミリーマート
浜の宮中
尾上町養田
浜の宮公園
三菱製紙工場
相生橋
別府西小
サンモール
加古川
加古川市
ファミリー
コスモ
高砂市
尾上町池田
ナフコ
十輪寺
オーミケンシ工場
加古川サンプラザ
高砂市民サービスコーナー
ラ・ムー
すぱーく加古川
加古川下流浄化センター
高砂中
月西寺
高砂小
高砂大橋
ハゼ
スズキ
神戸製鋼製鉄技術開発
鐘化グラウンド
大濱渡船
080-6208-0630
渡
渡船乗り場
港内釣り禁止
向島公園
カネカ
県立高砂海浜公園
神戸製鋼工場
加古川尻導流堤
別《べ》府《ふ》港（別府みなと緑地）
関西熱化学工場（立入不可）
別府川
別府港
ハゼ
セイゴ
チヌ
イワシ
アジ
サヨリ
テラスになっている
周囲はすべて手すり付きのテラスになっている
加古川海洋文化センター
石積み
別府みなと緑地
タチウオ
チヌ
サヨリ
アジ
白灯
イワシ
セイゴ
メバル
アイナメ
きれいに整備された別府みなと緑地周辺は本格派には物足りないが、子ども連れでも安心してサオがだせるところ。アジ、ハゼ、サヨリといった小物と遊べる
アジ
イワシ
ハネ
アナゴ
チヌ
カレイ
キス
テトラ足場悪い
青灯
赤灯
チヌ
加古川尻一文字
アイナメ
ハネ
アジ
メバル
白灯
アナゴ
ガシラ
サンバソウ
アコウ
カレイ
キス
スズキ
ワインド釣法でシーバスが面白い
加古川尻一文字には大濱渡船で渡る
（季節により運行状況が変わるので要確認）
石積み
立入禁止
星光PMC
立入禁止
フェンス
南公園
赤灯波止の断面
電線が低いので要注意
外側
約8m
内側
東亜外業東播磨工場
階段
テトラ前にタコつぼや網が入っていることがあるので要注意
石積み
フェンス
本荘人工島での釣りものは東隣の二見人工島とほぼ同様。ただこちらは北部の公共埠頭をはじめ東西両面の大部分が立入禁止となっている
カワハギ
アジ
電柱が立っている
カレイ
キス
イワシ
階段
メバル
チヌ
アナゴ
赤灯
メバル
ガシラ
アコウ
カレイ
ハネ
チヌ
サヨリ
キス
アコウ
サンバソウ
本荘《ほんじょう》人工島南面

●改正SOLAS条約により、立ち入り禁止となっている埠頭などがあります（詳細はP64）

加古川向きはテラス状の遊歩道。投げザオを並べてカレイ、ハゼ、セイゴなどがねらえる。手前は浅いのでウキ釣りなどは不向き。公園先端部の島には橋が架けられており徒歩でアクセス可。周囲はテトラが投入されているが沖向きの一部分はテトラがなく釣りやすい。西の白灯波止は先端部は投げ釣り、テトラ帯では根魚ねらいがメイン。手前の化学工場岸壁は立入り禁止

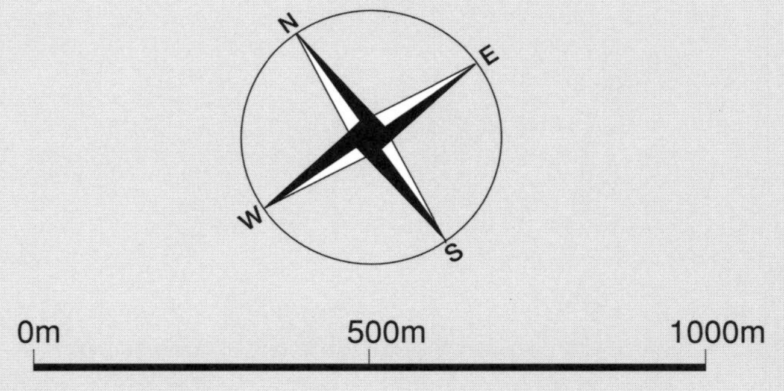

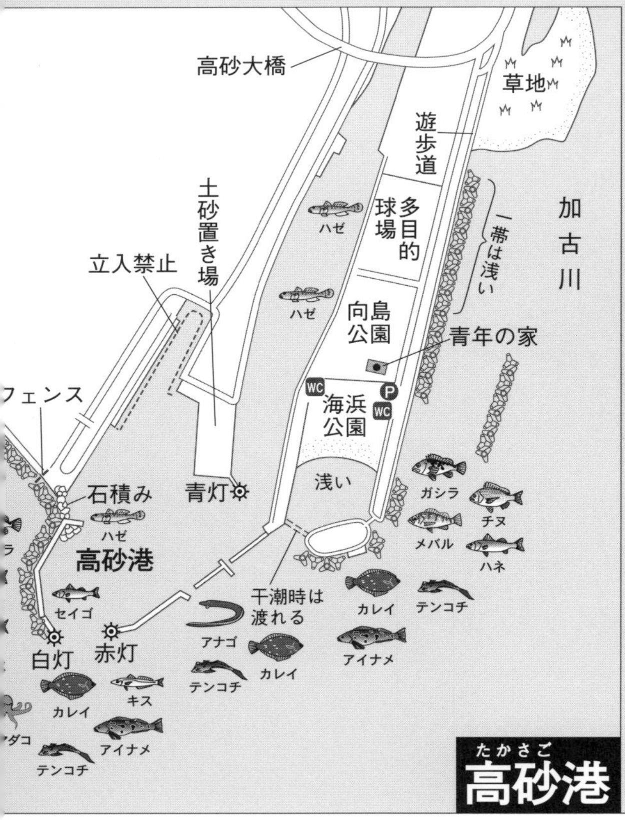

高砂《たかさご》港〜伊保《いほ》港

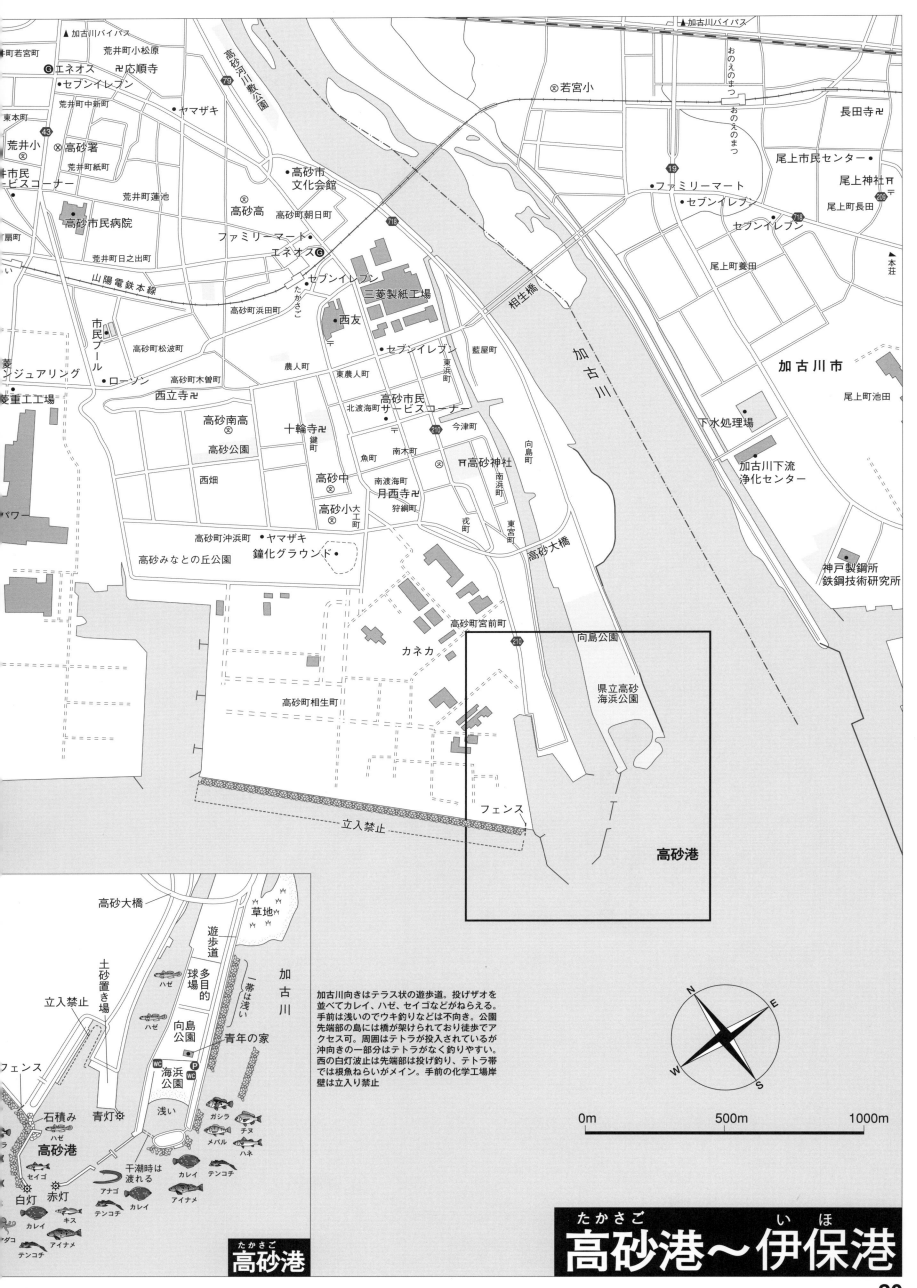

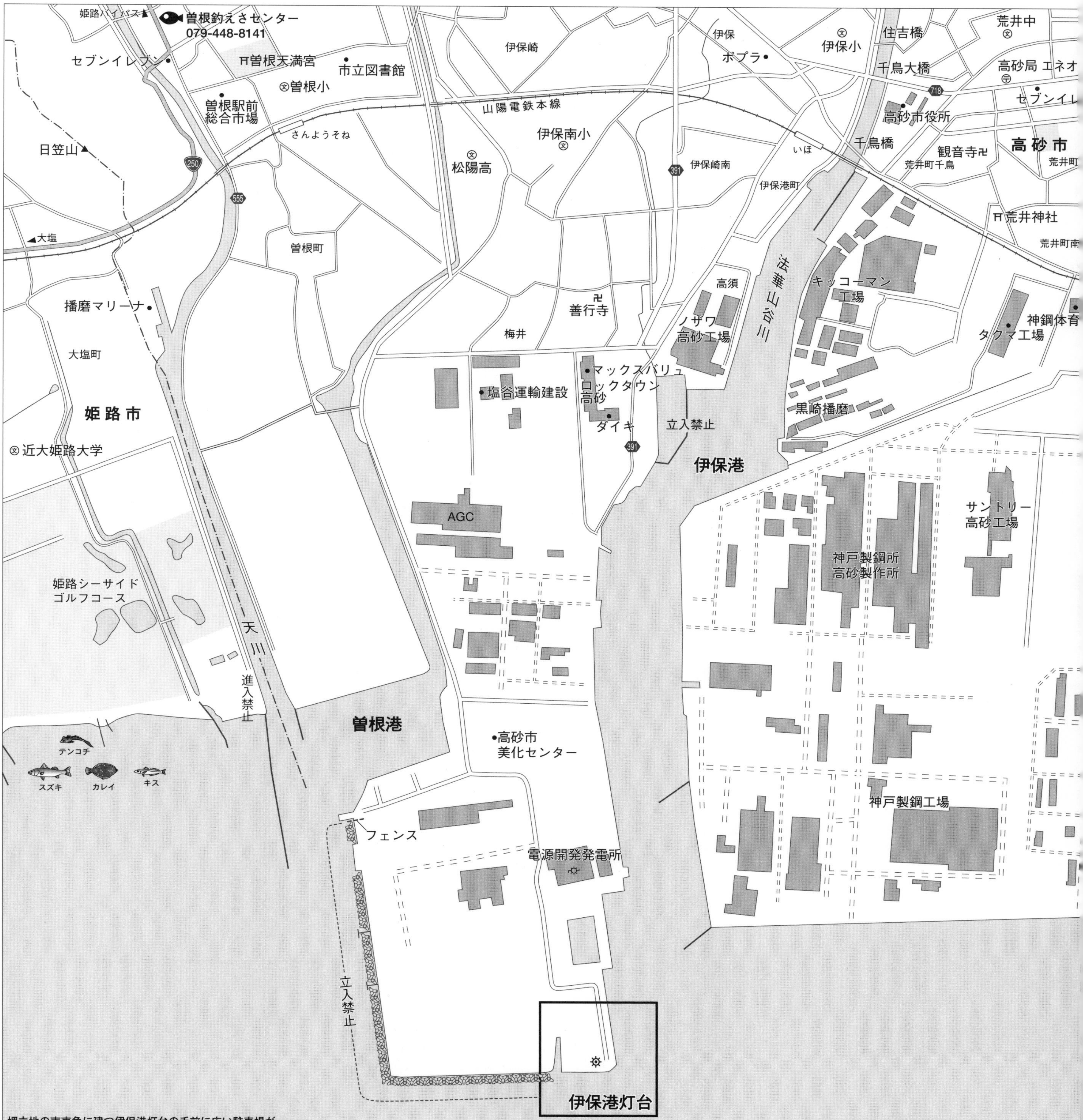
姫路バイパス
曽根釣えさセンター
079-448-8141
セブンイレブン
曽根天満宮
市立図書館
曽根小
曽根駅前
総合市場
日笠山
山陽電鉄本線
さんようそね
大塩
伊保崎
伊保南小
松陽高
伊保
ポプラ
伊保小
住吉橋
千鳥大橋
荒井中
高砂局
エネオ
セブンイレ
高砂市役所
いほ
千鳥橋
観音寺
高砂市
荒井町千鳥
荒井町
伊保崎南
伊保港町
荒井神社
荒井町南
曽根町
播磨マリーナ
善行寺
高須
キッコーマン
工場
梅井
ノザワ
高砂工場
法華山谷川
神鋼体育
タクマ工場
大塩町
マックスバリュ
ロックタウン
高砂
塩谷運輸建設
ダイキ
黒崎播磨
姫路市
立入禁止
伊保港
近大姫路大学
AGC
サントリー
高砂工場
神戸製鋼所
高砂製作所
姫路シーサイド
ゴルフコース
天川
進入禁止
曽根港
高砂市
美化センター
テンコチ
スズキ
カレイ
キス
神戸製鋼工場
フェンス
電源開発発電所
立入禁止
伊保港灯台

埋立地の南東角に建つ伊保港灯台の手前に広い駐車場があり快適にアクセス、釣りができる。壁の切れている部分を抜けて海側に出ると幅広いベランダになっている

電源開発
発電所
立入禁止
空地
フェンス
壁のところどころ
が切れて通路に
なっている
イワシ
ガシラ
アジ
四角い消波ブロック
が斜めに積んである
メバル
ハネ
階段
立入禁止
フェンス
テラス
伊保港灯台
カレイ
キス
アイナメ
チヌ
テンコチ
タチウオ

伊保《いほ》港灯台

●改正SOLAS条約により、立ち入り禁止となっている埠頭などがあります（詳細はP64）

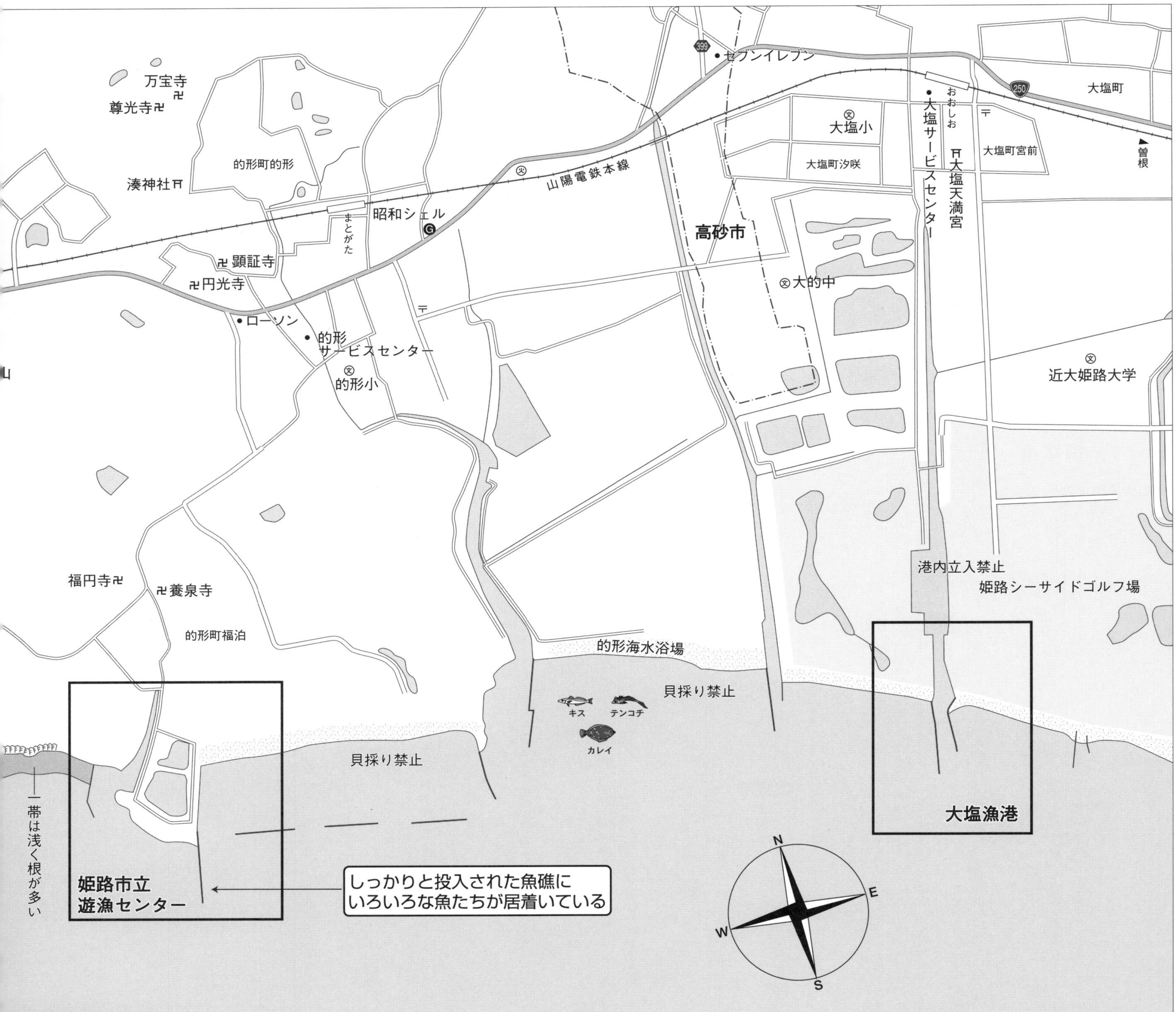

●姫路市立遊漁センター
079-254-5358
入場料金：大人830円、小人（小中学生）520円（観覧のみの場合は大人210円、小人100円）
営業時間：4〜10月は6〜21時、11〜3月は7〜16時
毎週火曜日（祝日の場合は営業。翌水曜日が休園）と年末年始は休園。
レンタルタックルあり。オキアミ、アミエビ、サビキ仕掛けなど販売

遊漁センター見取図

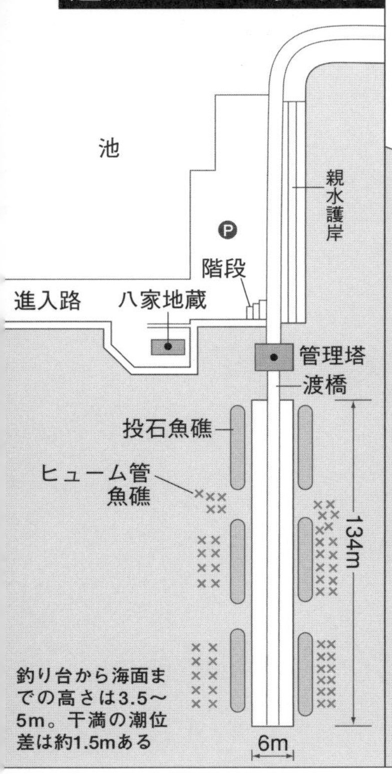

姫路《ひめじ》市立遊漁センター

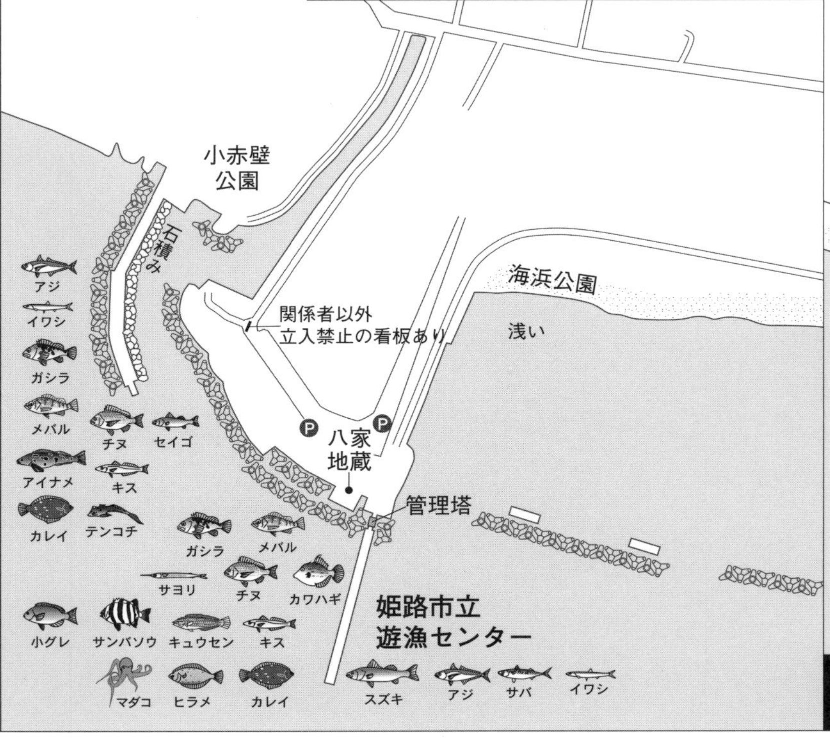

2本の波止は左がブロック積みとケーソン、右が石積み＋ブロック積み＋ケーソンの多重構造。この波止からの投げ釣りはキス、カレイがメインだ。右手に広がる砂浜はキスの引き釣りが面白いところ。護岸から階段で下りられる

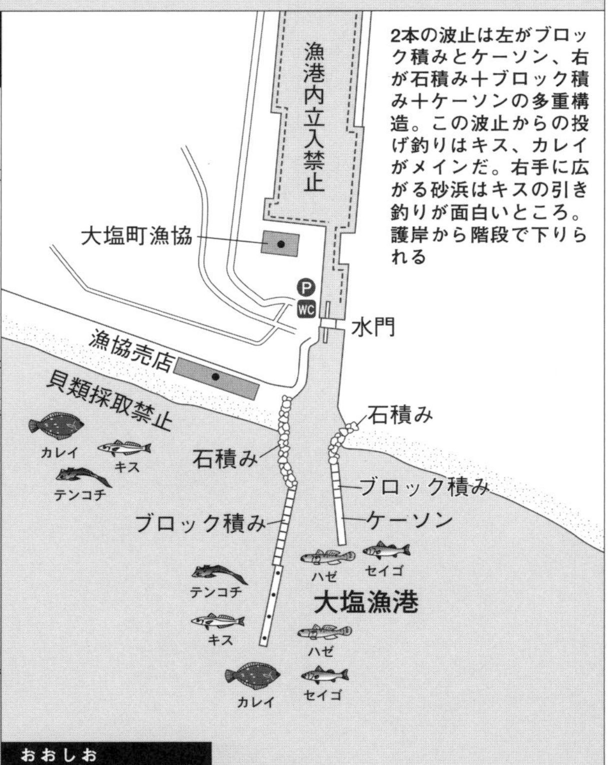

大塩《おおしお》漁港

大塩《おおしお》〜妻鹿《めが》

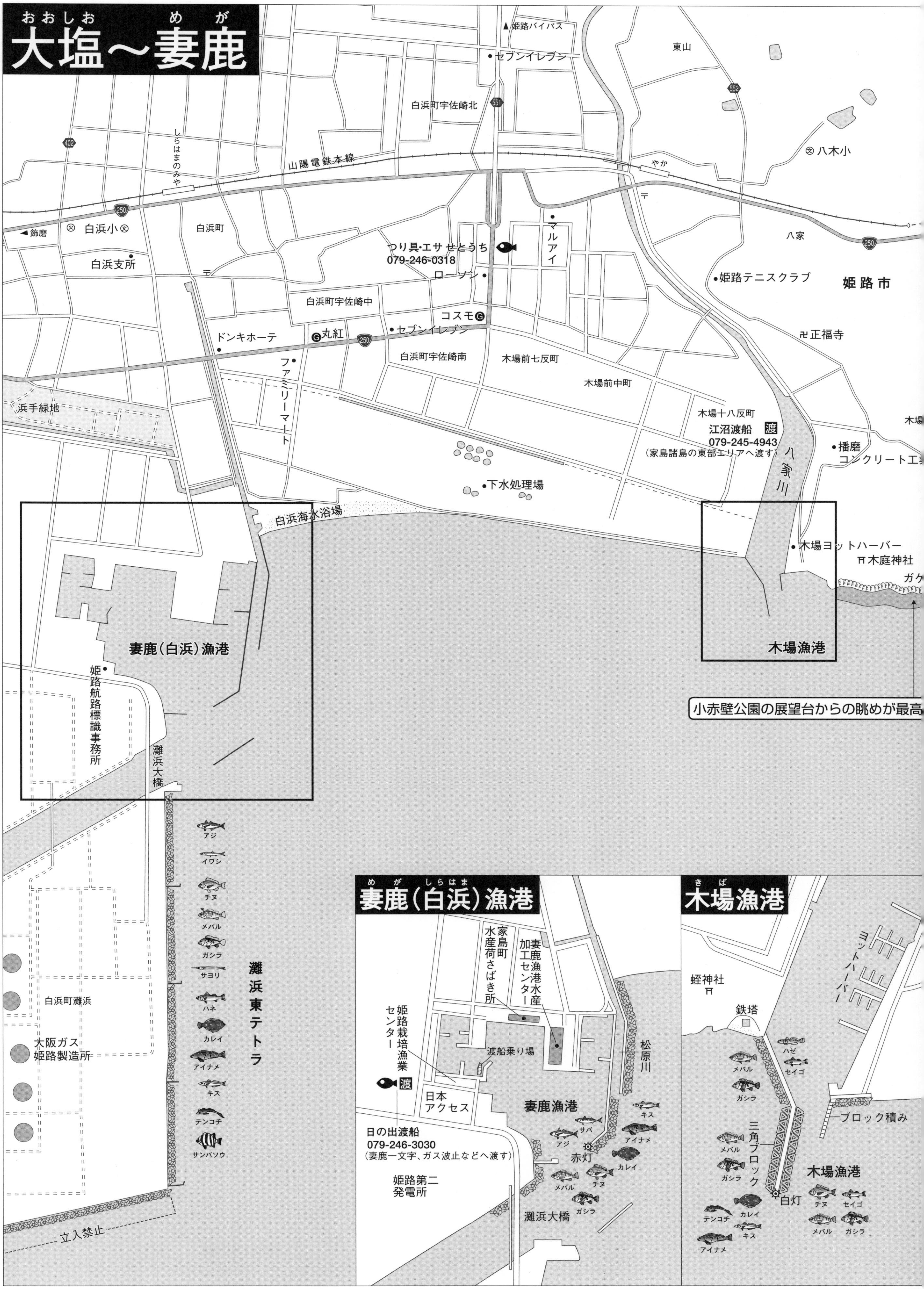

姫路バイパス
セブンイレブン
東山
552
白浜町宇佐崎北
551
402
しらはまのみや
山陽電鉄本線
八木小
やか
250
飾磨
白浜小
白浜町
白浜支所
つり具･エサ せとうち
079-246-0318
マルアイ
八家
ローソン
姫路テニスクラブ
姫路市
白浜町宇佐崎中
コスモ
丸紅
セブンイレブン
ドンキホーテ
正福寺
ファミリーマート
白浜町宇佐崎南
木場前七反町
木場前中町
浜手緑地
木場十八反町
江沼渡船 渡
079-245-4943
（家島諸島の東部エリアへ渡す）
八家川
播磨コンクリート工業
下水処理場
白浜海水浴場
木場ヨットハーバー
木庭神社
妻鹿（白浜）漁港
木場漁港
姫路航路標識事務所
小赤壁公園の展望台からの眺めが最高
灘浜大橋
アジ
イワシ
チヌ
メバル
ガシラ
サヨリ
ハネ
カレイ
アイナメ
キス
テンコチ
サンバソウ
灘浜東テトラ
白浜町灘浜
大阪ガス
姫路製造所
立入禁止
妻鹿《めが》（白浜《しらはま》）漁港
家島町水産荷さばき所
妻鹿漁港水産加工センター
姫路栽培漁業センター
渡船乗り場
松原川
渡
日本アクセス
妻鹿漁港
日の出渡船
079-246-3030
（妻鹿一文字、ガス波止などへ渡す）
サバ
赤灯
姫路第二発電所
灘浜大橋
木場《きば》漁港
ヨットハーバー
蛭神社
鉄塔
ハゼ
セイゴ
三角ブロック
ブロック積み
木場漁港
白灯

妻《め》鹿《が》沖波止

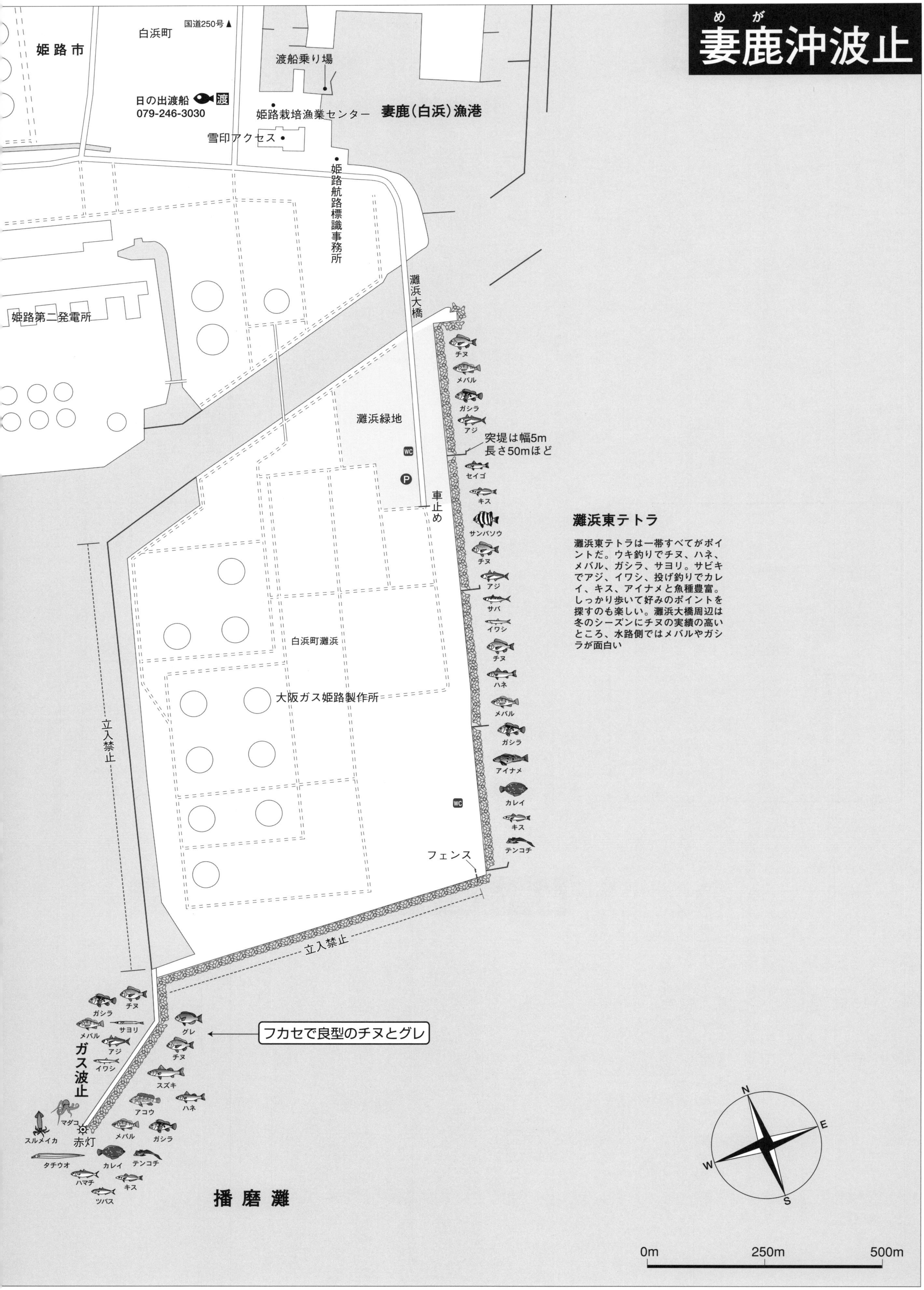

国道250号▲
白浜町
姫路市
渡船乗り場
日の出渡船 渡
079-246-3030
姫路栽培漁業センター
妻鹿（白浜）漁港
雪印アクセス
姫路航路標識事務所
灘浜大橋
姫路第二発電所
灘浜緑地
WC
P
突堤は幅5m
長さ50mほど
車止め
白浜町灘浜
大阪ガス姫路製作所
立入禁止
フェンス
立入禁止
チヌ
メバル
ガシラ
アジ
セイゴ
キス
サンバソウ
チヌ
アジ
サバ
イワシ
チヌ
ハネ
メバル
ガシラ
アイナメ
カレイ
キス
テンコチ
フカセで良型のチヌとグレ
ガス波止
チヌ
ガシラ
メバル
サヨリ
アジ
イワシ
グレ
チヌ
スズキ
ハネ
アコウ
マダコ
スルメイカ
赤灯
メバル
ガシラ
タチウオ
カレイ
テンコチ
ハマチ
キス
ツバス
播磨灘
N
E
W
S
0m
250m
500m

灘浜東テトラ

灘浜東テトラは一帯すべてがポイントだ。ウキ釣りでチヌ、ハネ、メバル、ガシラ、サヨリ。サビキでアジ、イワシ、投げ釣りでカレイ、キス、アイナメと魚種豊富。しっかり歩いて好みのポイントを探すのも楽しい。灘浜大橋周辺は冬のシーズンにチヌの実績の高いところ、水路側ではメバルやガシラが面白い

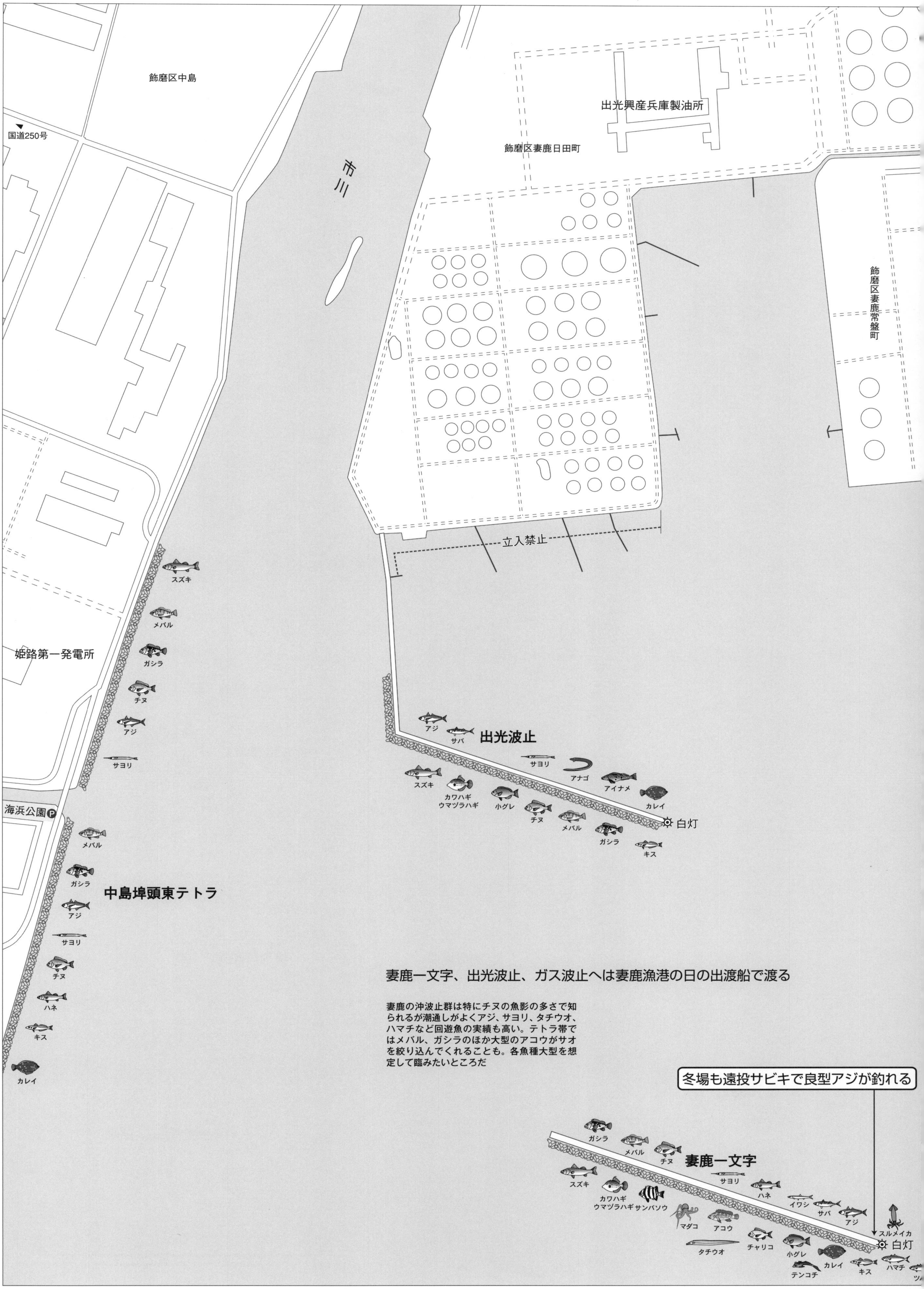

飾磨区中島
国道250号
市川
出光興産兵庫製油所
飾磨区妻鹿日田町
飾磨区妻鹿常盤町
立入禁止
姫路第一発電所
スズキ
メバル
ガシラ
チヌ
アジ
サヨリ
海浜公園
中島埠頭東テトラ
メバル
ガシラ
アジ
サヨリ
チヌ
ハネ
キス
カレイ
出光波止
アジ
サバ
サヨリ
アナゴ
アイナメ
カレイ
スズキ
カワハギ
ウマヅラハギ
小グレ
チヌ
メバル
ガシラ
キス
白灯
妻鹿一文字、出光波止、ガス波止へは妻鹿漁港の日の出渡船で渡る
妻鹿の沖波止群は特にチヌの魚影の多さで知られるが潮通しがよくアジ、サヨリ、タチウオ、ハマチなど回遊魚の実績も高い。テトラ帯ではメバル、ガシラのほか大型のアコウがサオを絞り込んでくれることも。各魚種大型を想定して臨みたいところだ
冬場も遠投サビキで良型アジが釣れる
妻鹿一文字
ガシラ
メバル
チヌ
スズキ
カワハギ
ウマヅラハギ
サンバソウ
マダコ
アコウ
サヨリ
ハネ
イワシ
サバ
アジ
スルメイカ
白灯
タチウオ
チャリコ
小グレ
カレイ
テンコチ
キス
ハマチ

●改正SOLAS条約により、立ち入り禁止となっている埠頭などがあります（詳細はP64）

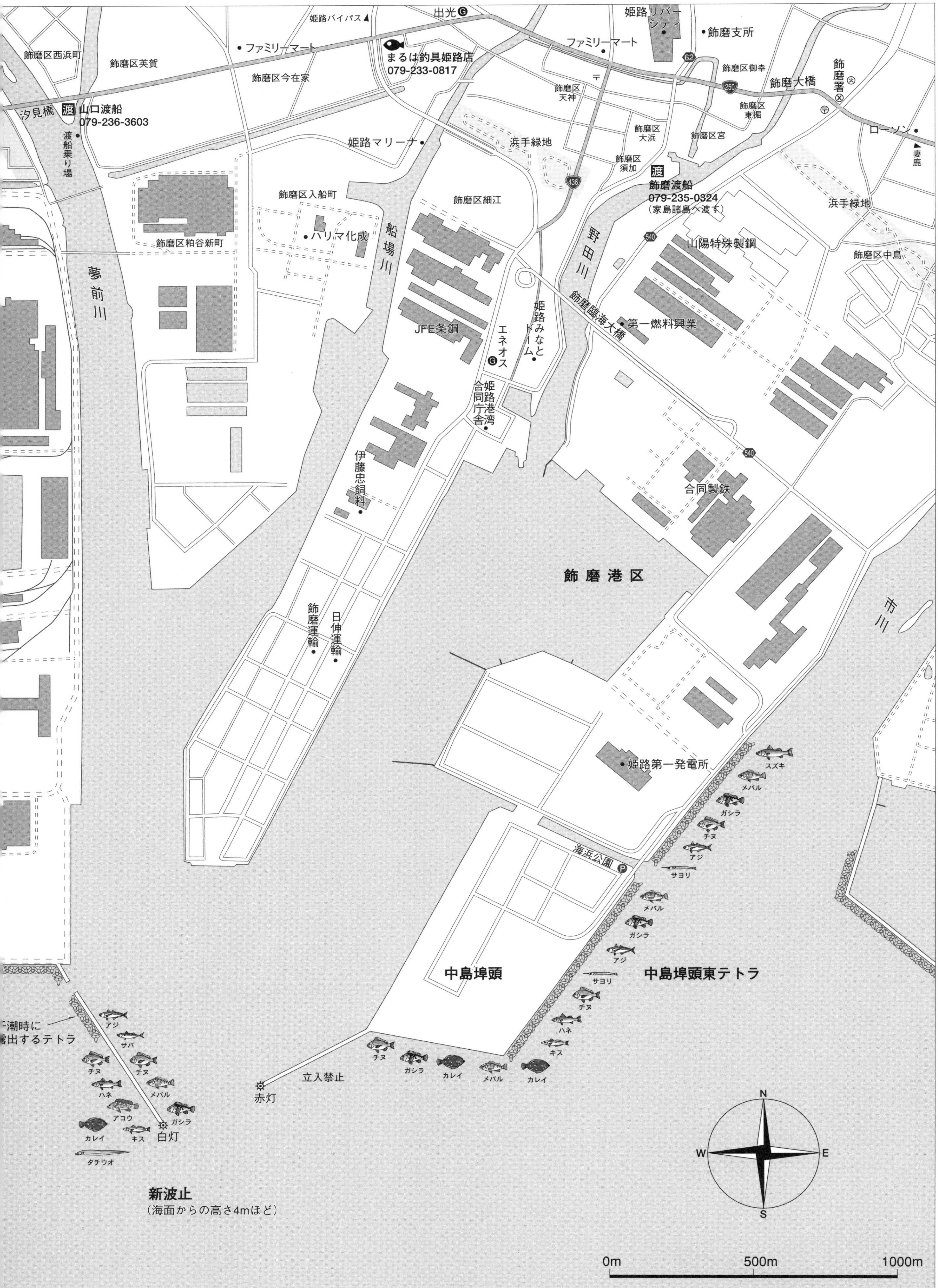
姫路バイパス
出光
姫路リバーシティ
飾磨支所
飾磨区西浜町
飾磨区英賀
ファミリーマート
まるは釣具姫路店
079-233-0817
飾磨区今在家
ファミリーマート
62
飾磨区御幸
飾磨署
飾磨大橋
250
飾磨区天神
飾磨区東堀
汐見橋
渡 山口渡船
079-236-3603
渡船乗り場
姫路マリーナ
浜手緑地
飾磨区大浜
飾磨区宮
ローソン
妻鹿
飾磨区須加
436
渡 飾磨渡船
079-235-0324
（家島諸島へ渡す）
飾磨区入船町
飾磨区細江
浜手緑地
飾磨区粕谷新町
ハリマ化成
船場川
野田川
540
山陽特殊製鋼
飾磨区中島
夢前川
飾磨臨海大橋
第一燃料興業
JFE条鋼
姫路みなとドーム
エネオス
姫路港湾合同庁舎
540
伊藤忠飼料
合同製鉄
飾磨港区
市川
飾磨運輸
日伸運輸
姫路第一発電所
スズキ
メバル
ガシラ
チヌ
アジ
サヨリ
海浜公園
メバル
ガシラ
アジ
サヨリ
チヌ
ハネ
キス
中島埠頭
中島埠頭東テトラ
干潮時に
露出するテトラ
アジ
サバ
チヌ
チヌ
ハネ
メバル
アコウ
ガシラ
カレイ
キス
タチウオ
白灯
赤灯
立入禁止
チヌ
ガシラ
カレイ
メバル
カレイ
新波止
（海面からの高さ4mほど）
N
S
W
E
0m
500m
1000m

飾磨《しかま》～広畑《ひろはた》

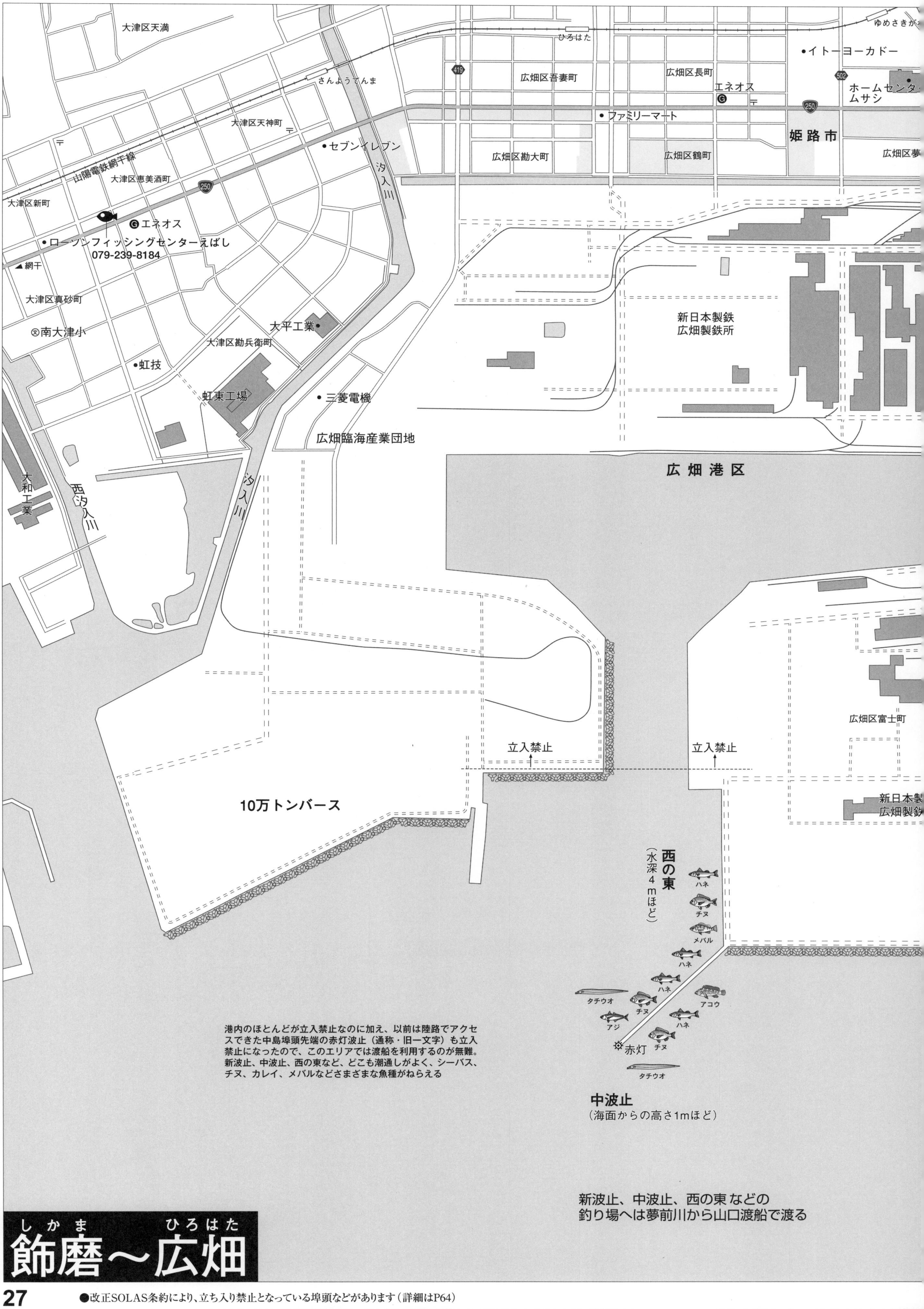

大津区天満
ひろはた
ゆめさきが
イトーヨーカドー
419
広畑区吾妻町
広畑区長町
エネオス
502
ホームセンタ
ムサシ
250
ファミリーマート
姫路市
さんようてんま
大津区天神町
セブンイレブン
山陽電鉄網干線
大津区恵美酒町
汐入川
広畑区勘大町
広畑区鶴町
広畑区夢
250
大津区新町
エネオス
ローソンフィッシングセンターえばし
079-239-8184
網干
大津区真砂町
新日本製鉄
広畑製鉄所
南大津小
大平工業
大津区勘兵衛町
虹技
虹東工場
三菱電機
広畑臨海産業団地
広畑港区
大和工業
西汐入川
汐入川
広畑区富士町
立入禁止
立入禁止
10万トンバース
新日本製
広畑製鉄
西の東
(水深4mほど)
ハネ
チヌ
メバル
ハネ
ハネ
アコウ
タチウオ
チヌ
ハネ
アジ
チヌ
赤灯
タチウオ
港内のほとんどが立入禁止なのに加え、以前は陸路でアクセスできた中島埠頭先端の赤灯波止（通称・旧一文字）も立入禁止になったので、このエリアでは渡船を利用するのが無難。新波止、中波止、西の東など、どこも潮通しがよく、シーバス、チヌ、カレイ、メバルなどさまざまな魚種がねらえる
中波止
（海面からの高さ1mほど）
新波止、中波止、西の東などの
釣り場へは夢前川から山口渡船で渡る

●改正SOLAS条約により、立ち入り禁止となっている埠頭などがあります（詳細はP64）

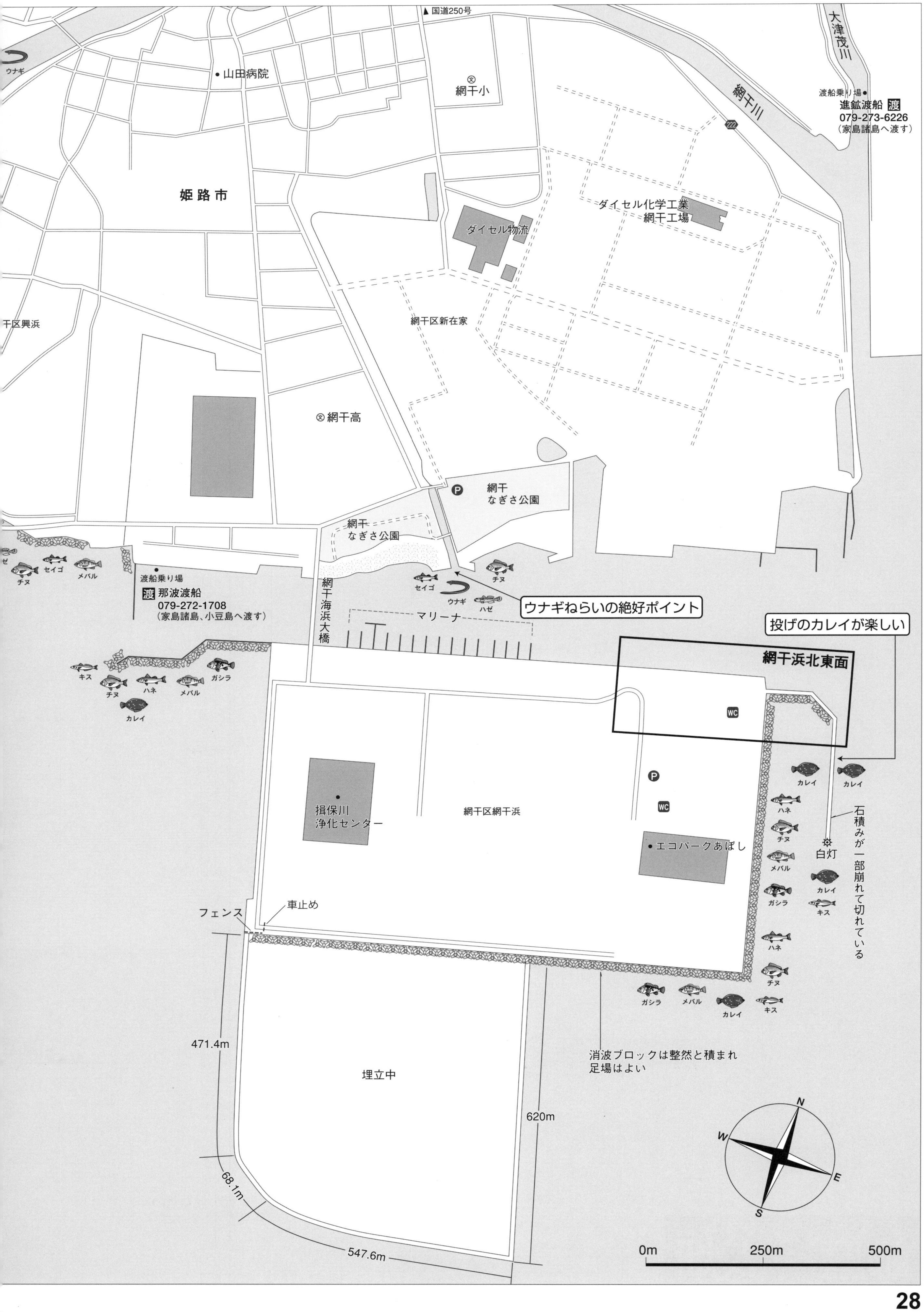
国道250号
大津茂川
ウナギ
山田病院
網干小
網干川
222
渡船乗り場
進鉱渡船
渡
079-273-6226
（家島諸島へ渡す）
姫路市
ダイセル化学工業
網干工場
ダイセル物流
網干区新在家
干区興浜
網干高
網干
なぎさ公園
網干
なぎさ公園
ゼ
チヌ
セイゴ
メバル
渡船乗り場
渡
那波渡船
079-272-1708
（家島諸島、小豆島へ渡す）
網干海浜大橋
セイゴ
ウナギ
ハゼ
チヌ
ウナギねらいの絶好ポイント
マリーナ
投げのカレイが楽しい
網干浜北東面
キス
チヌ
ハネ
メバル
ガシラ
カレイ
WC
P
WC
揖保川
浄化センター
網干区網干浜
エコパークあぼし
カレイ
カレイ
ハネ
チヌ
メバル
白灯
カレイ
ガシラ
キス
石積みが一部崩れて切れている
フェンス
車止め
ハネ
チヌ
ガシラ
メバル
カレイ
キス
消波ブロックは整然と積まれ
足場はよい
471.4m
埋立中
620m
68.1m
547.6m
N
W
E
S
0m
250m
500m

網干浜《あぼし》～揖保川《いぼがわ》

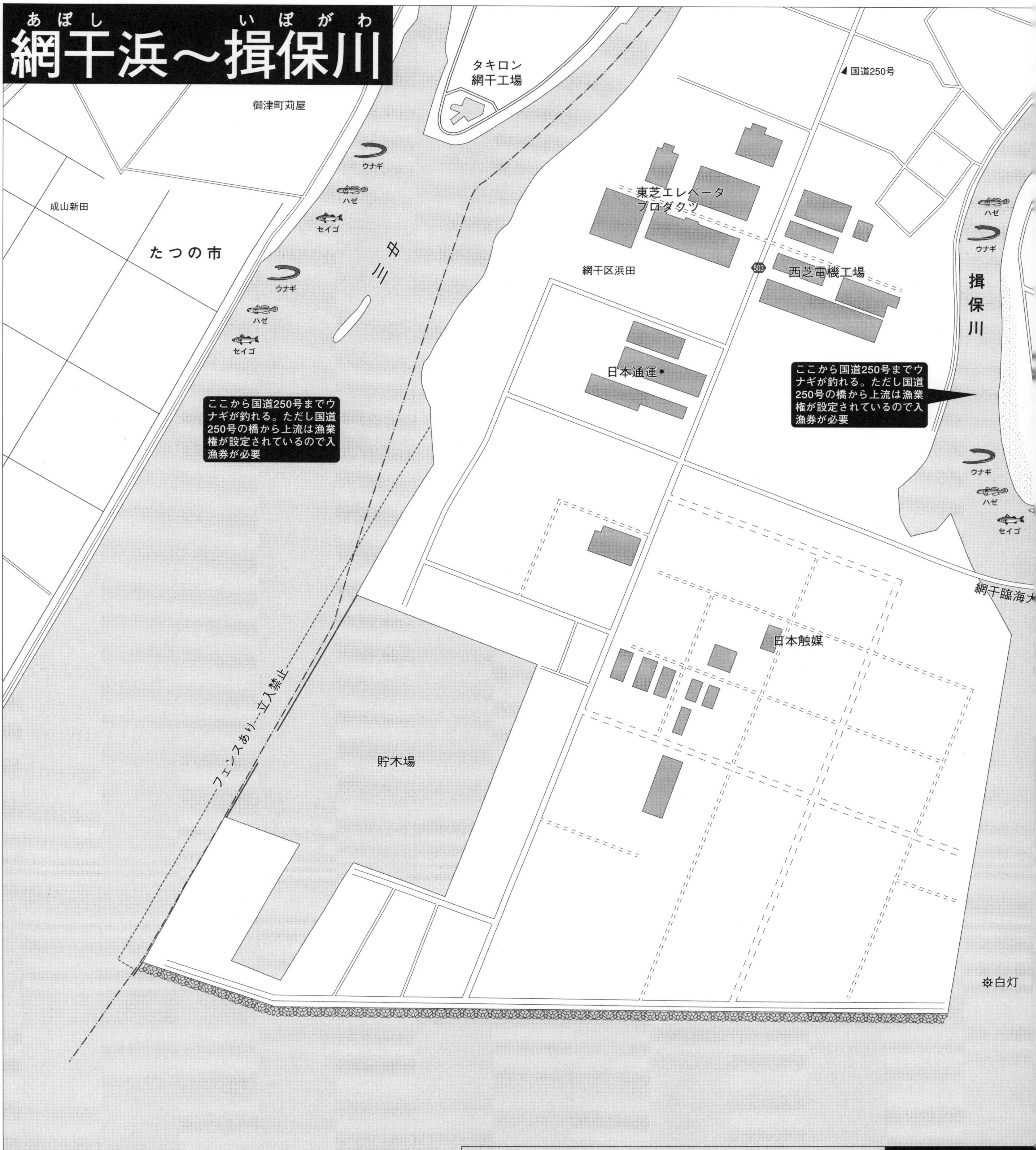

タキロン
網干工場
御津町苅屋
国道250号
成山新田
ウナギ
ハゼ
セイゴ
たつの市
東芝エレベータ
プロダクツ
網干区浜田
503
西芝電機工場
揖保川
日本通運
ここから国道250号までウナギが釣れる。ただし国道250号の橋から上流は漁業権が設定されているので入漁券が必要
網干臨海大
日本触媒
フェンスあり　立入禁止
貯木場
白灯

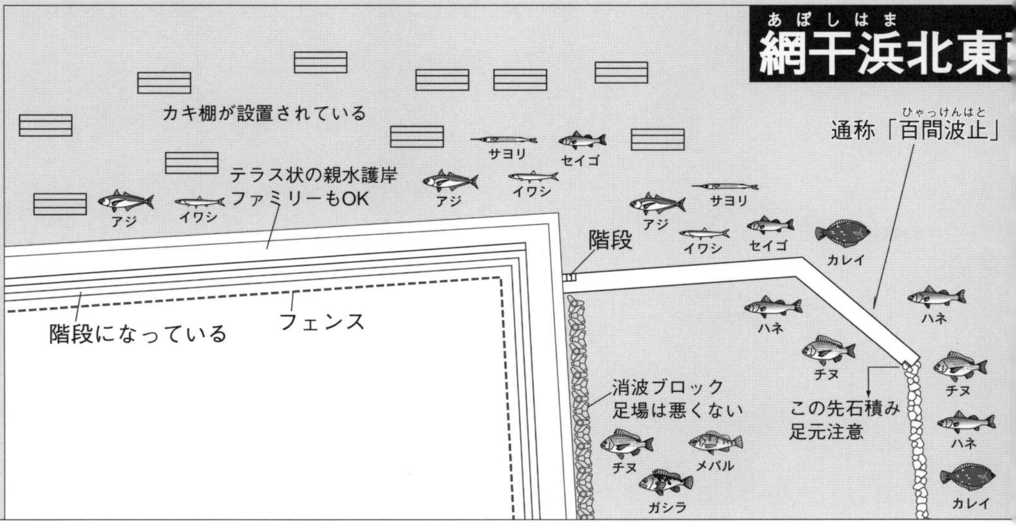

網干浜《あぼしはま》北東
カキ棚が設置されている
通称「百間波止《ひゃっけんはと》」
サヨリ
セイゴ
テラス状の親水護岸
ファミリーもOK
アジ
イワシ
カレイ
階段
階段になっている
フェンス
ハネ
チヌ
消波ブロック
足場は悪くない
この先石積み
足元注意
メバル
ガシラ

マリーナ（網干沖ボートパーク）から東は階段状の親水護岸。足場もよくのんびり釣りができる。サオ下で水深 5m ほどありアジやサヨリ、セイゴなど小物釣りに最適。東端の角から伸びる通称「百間（ひゃっけん）波止」はチヌやカレイの投げ釣りで知られるところ

●改正SOLAS条約により、立ち入り禁止となっている埠頭などがあります（詳細はP64）

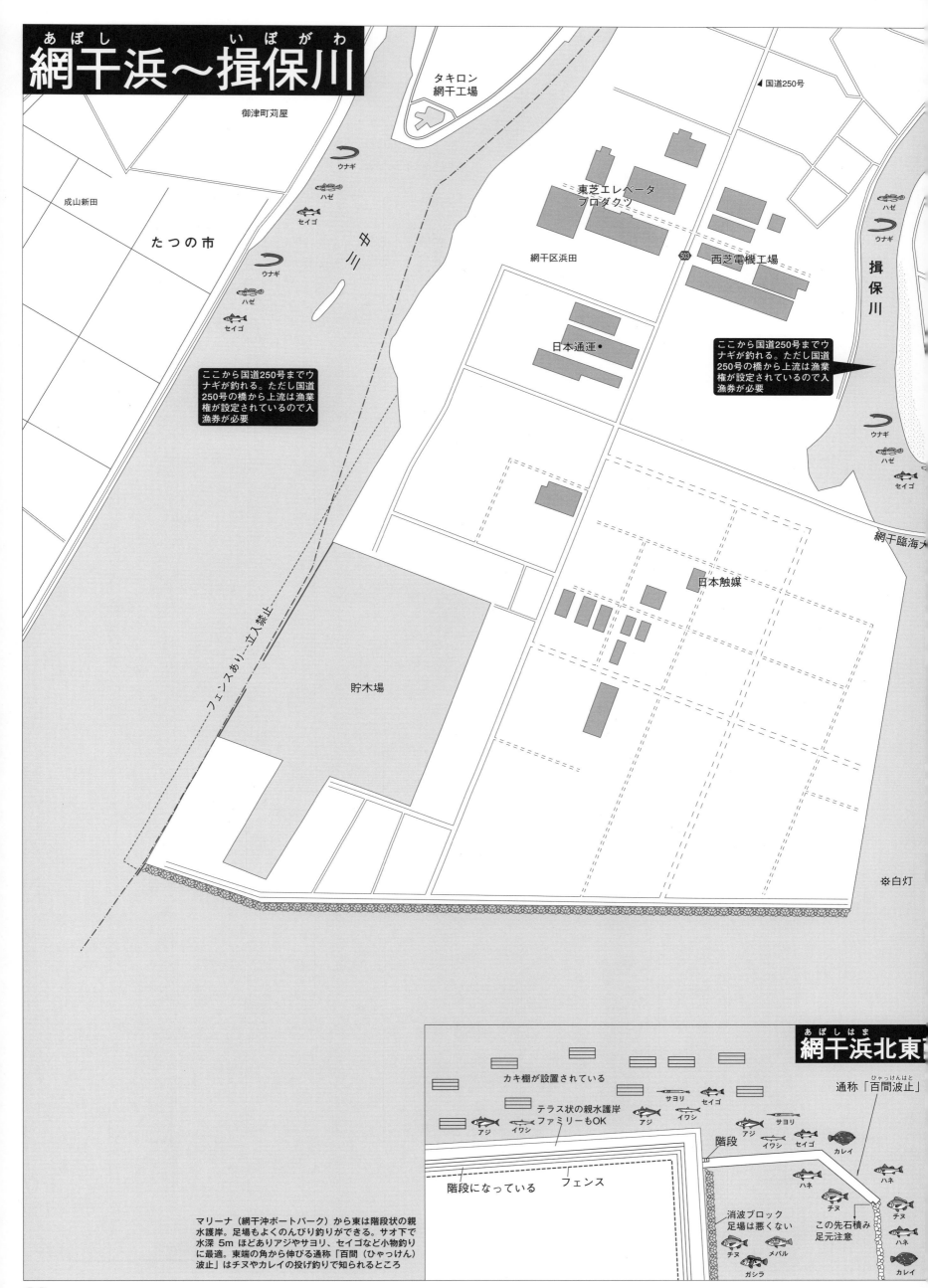

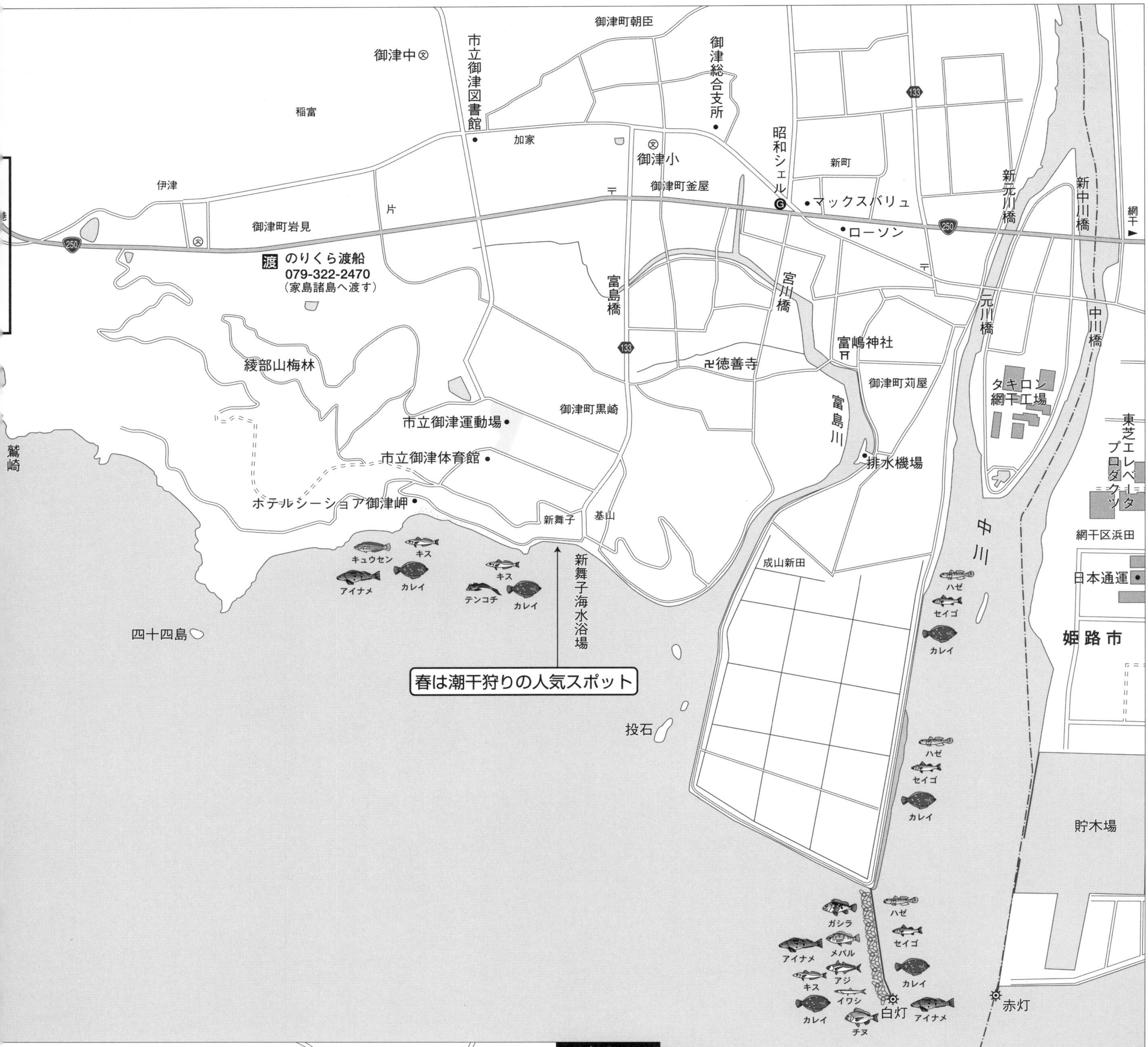
御津町朝臣
御津中
稲富
市立御津図書館
御津総合支所
昭和シェル
加家
御津小
新町
伊津
御津町釜屋
マックスバリュ
片
御津町岩見
ローソン
新元川橋
新中川橋
網干
渡 のりくら渡船
079-322-2470
（家島諸島へ渡す）
富島橋
宮川橋
元川橋
中川橋
富嶋神社
綾部山梅林
徳善寺
御津町苅屋
御津町黒崎
富島川
タキロン網干工場
東芝エレベータプロダクツ
市立御津運動場
排水機場
鷲崎
市立御津体育館
ホテルシーショア御津岬
新舞子
基山
中川
網干区浜田
キュウセン
キス
成山新田
日本通運
アイナメ
カレイ
キス
ハゼ
テンコチ
カレイ
新舞子海水浴場
セイゴ
四十四島
カレイ
姫路市
春は潮干狩りの人気スポット
投石
ハゼ
セイゴ
カレイ
貯木場
ガシラ
ハゼ
セイゴ
アイナメ
メバル
アジ
カレイ
キス
イワシ
白灯
赤灯
カレイ
チヌ
アイナメ
N
W
E
S
0m
500m
1000m

岩見港《いわみ》

東の大波止外向きテトラは根魚がねらいめだが足元に注意。投げ釣りでは中間部から沖向きでキス、カレイがねらえる。根掛かりは少ない

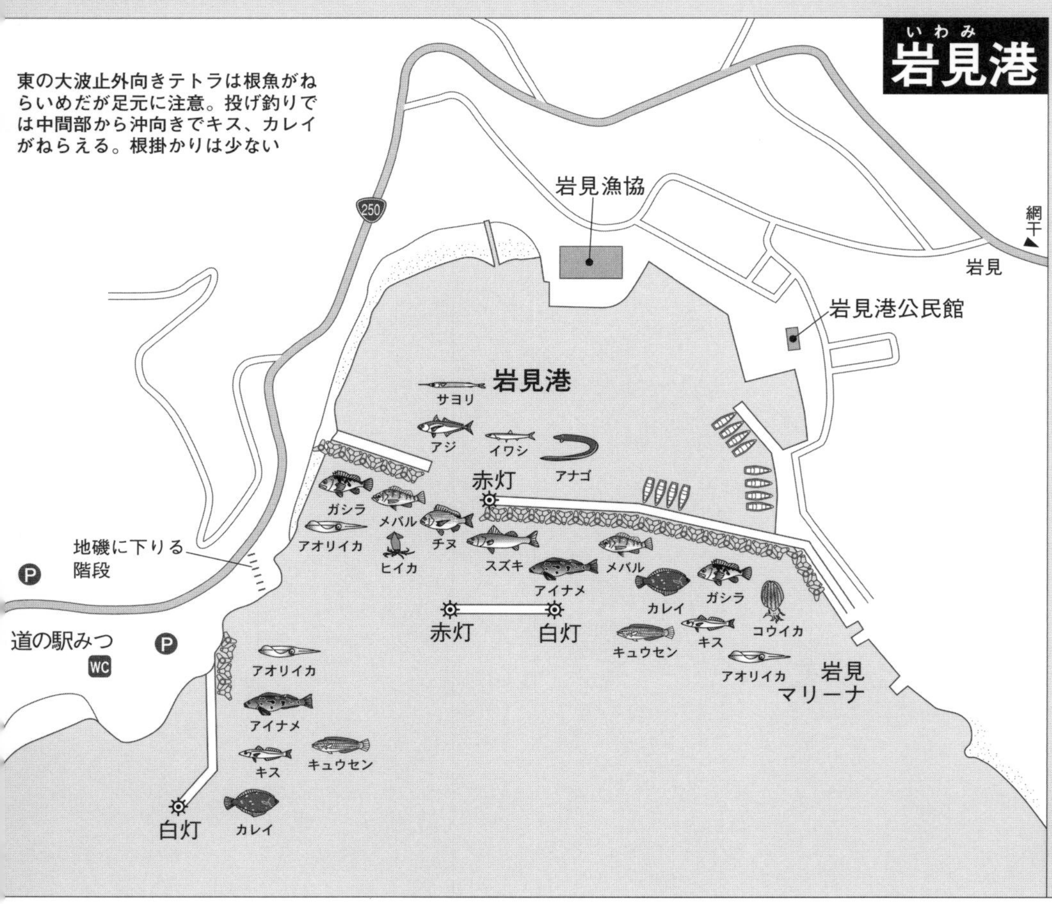
岩見漁協
網干
岩見
岩見港公民館
岩見港
サヨリ
アジ
イワシ
アナゴ
赤灯
ガシラ
メバル
アオリイカ
チヌ
地磯に下りる階段
ヒイカ
スズキ
メバル
アイナメ
ガシラ
カレイ
コウイカ
赤灯
白灯
キス
道の駅みつ
WC
キュウセン
岩見マリーナ
アオリイカ
アオリイカ
アイナメ
キス
キュウセン
白灯
カレイ

中川《なかがわ》～室津《むろつ》

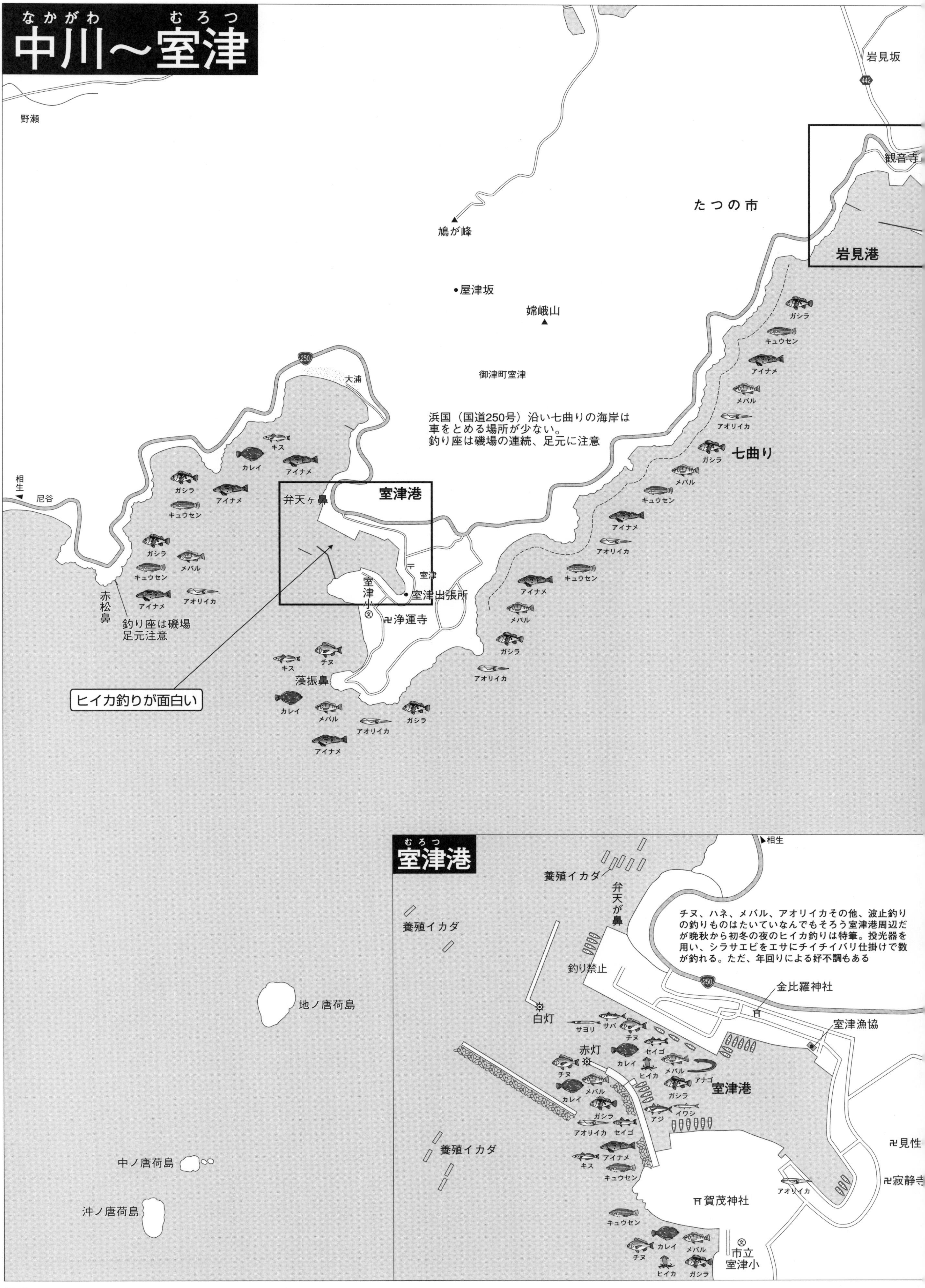

野瀬
岩見坂
442
観音寺
たつの市
岩見港
鳩が峰
屋津坂
嫦峨山
250
大浦
御津町室津
浜国（国道250号）沿い七曲りの海岸は
車をとめる場所が少ない。
釣り座は磯場の連続、足元に注意
七曲り
ガシラ
キュウセン
アイナメ
メバル
アオリイカ
キス
カレイ
チヌ
相生
尼谷
室津港
弁天ヶ鼻
室津
室津小
室津出張所
浄運寺
赤松鼻
釣り座は磯場
足元注意
藻振鼻
ヒイカ釣りが面白い
地ノ唐荷島
中ノ唐荷島
沖ノ唐荷島
室津《むろつ》港
相生
養殖イカダ
弁天が鼻
チヌ、ハネ、メバル、アオリイカその他、波止釣りの釣りものはたいていなんでもそろう室津港周辺だが晩秋から初冬の夜のヒイカ釣りは特筆。投光器を用い、シラサエビをエサにチイチイバリ仕掛けで数が釣れる。ただ、年回りによる好不調もある
釣り禁止
金比羅神社
白灯
赤灯
サヨリ
サバ
セイゴ
ヒイカ
アナゴ
イワシ
アジ
室津漁協
見性寺
寂静寺
賀茂神社
市立
室津小

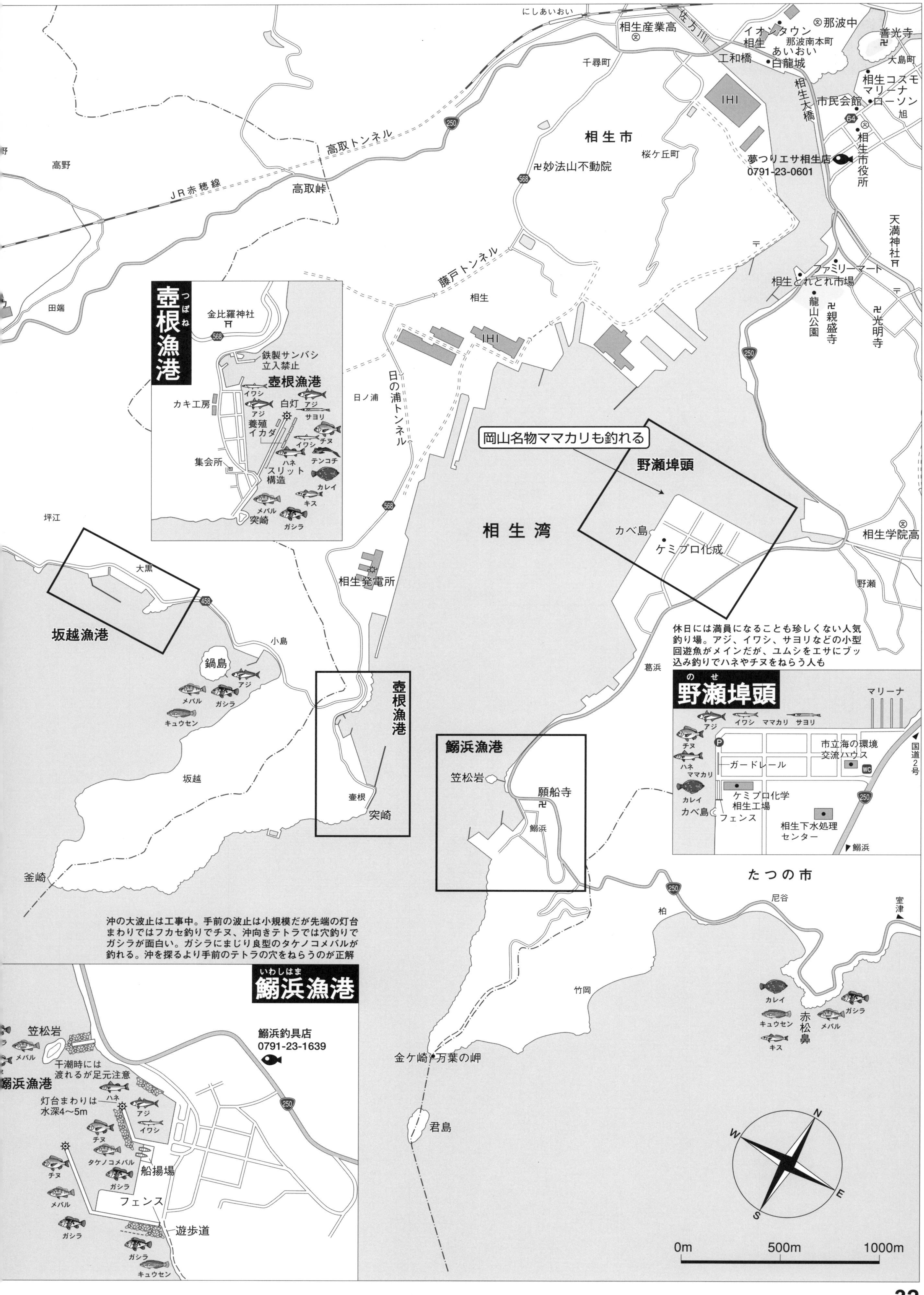
相生市
相生湾
たつの市
にしあおい
佐方川
相生産業高
イオンタウン相生
那波中
那波南本町
あいおい白龍城
工和橋
善光寺
大島町
相生コスモマリーナ
ローソン
市民会館
旭
相生大橋
千尋町
IHI
相生市役所
夢つりエサ相生店
0791-23-0601
桜ケ丘町
妙法山不動院
高取トンネル
JR赤穂線
高取峠
高野
藤戸トンネル
相生
天満神社
ファミリーマート
相生とれとれ市場
龍山公園
親盛寺
光明寺
田端
日ノ浦
日の浦トンネル
岡山名物ママカリも釣れる
野瀬埠頭
カベ島
ケミプロ化成
相生学院高
野瀬
坪江
大黒
坂越漁港
相生発電所
小島
鍋島
アジ
メバル
ガシラ
キュウセン
坂越
釜崎
葛浜
壺根漁港
壺根
突崎
鰯浜漁港
笠松岩
願船寺
鰯浜
柏
尼谷
室津
竹岡
金ケ崎
万葉の岬
君島
カレイ
キュウセン
キス
赤松鼻
ガシラ
メバル
0m
500m
1000m
壺根《つぼね》漁港
金比羅神社
鉄製サンバシ立入禁止
壺根漁港
イワシ
アジ
白灯
サヨリ
カキ工房
養殖イカダ
チヌ
イワシ
ハネ
テンコチ
集会所
スリット構造
カレイ
キス
メバル
突崎
ガシラ
休日には満員になることも珍しくない人気釣り場。アジ、イワシ、サヨリなどの小型回遊魚がメインだが、ユムシをエサにブッ込み釣りでハネやチヌをねらう人も
野瀬《のせ》埠頭
マリーナ
アジ
イワシ
ママカリ
サヨリ
チヌ
ハネ
ママカリ
カレイ
市立海の環境交流ハウス
国道2号
ガードレール
ケミプロ化学相生工場
カベ島
フェンス
相生下水処理センター
鰯浜
沖の大波止は工事中。手前の波止は小規模だが先端の灯台まわりではフカセ釣りでチヌ、沖向きテトラでは穴釣りでガシラが面白い。ガシラにまじり良型のタケノコメバルが釣れる。沖を探るより手前のテトラの穴をねらうのが正解
鰯浜《いわしはま》漁港
笠松岩
メバル
干潮時には渡れるが足元注意
鰯浜漁港
鰯浜釣具店
0791-23-1639
灯台まわりは水深4～5m
ハネ
アジ
イワシ
チヌ
タケノコメバル
ガシラ
チヌ
船揚場
メバル
フェンス
ガシラ
遊歩道
ガシラ
キュウセン

金《かね》ケ崎《がさき》～赤穂御崎《あこうみさき》

山田
上高野
大鹿谷
土手
千種川
塩屋
山陽道
赤穂インター
龍泉寺
手能
大工村
荒神社
赤穂中
加里屋
雄鷹台山
宮前町
竜安寺
西山寺
砂子
上浜市
ローソン
大町
キグナス
赤穂市
エネオス
寿町
ローソン
山手町
元町
長楽寺
浜市
光蓮寺
坂越中
農神町
浄水場
興福寺
北野中
ばんしゅうあこう
さこし
赤穂市役所
セブンイレブン
赤穂局
花岳寺
赤穂小
赤穂署
ファミリーマート
エネオス
JR赤穂線
正覚寺
大石神社
加里屋
忠臣蔵記念広場
イオン
真覚寺
坂越橋
宝珠
加里屋南
加里屋川
市立図書館
アクロガーデン
朝日橋
専光寺
坂越小
児島高徳墓
妙見寺
加里屋中洲
ハーモニーホール
細野町
南野中
細野橋
夢つりエサ赤穂店
0791-46-5003
妙道寺
大避神
ファミリーマート
ファミリーマート
千種川河川敷緑地
千種川
坂越トンネル
中広
セブンイレブン
交通公園
築地
新赤穂大橋
赤穂大橋
尾崎トンネル
坂越
大橋町
如来寺
普門寺
松原町
宝専寺
生島橋
中浜町
尾崎小
大泊
キグナス
雨宮町
さつき町
エネオス
セブンイレブン
黒崎
赤穂高
清水町
尾崎
海浜町
本水尾町
アース製薬工場
ファミリーマート
元塩町
東浜町
朝日町
赤穂わくわくランド
元沖町
尾崎小
元禄橋町
赤穂中
丸山
県道32号沿いの県民丸山サンビーチ、御崎大塚海水浴場、御崎福浦海水浴場の各ビーチはキス釣りが楽しめるところ。岩場に近づくとベラがまじる。赤穂御崎下の遊歩道からも投げ釣りのキス、カレイが面白い
正保橋町
御崎
キス
カレイ
県民丸山サンビーチ海水浴場
テンコチ
広度寺
光徳寺
壁岩
御崎大塚海水浴場
福浦
赤穂市野外活動センター
キス
カレイ
テンコチ
御崎福浦海水浴場
御崎
キス
キュウセン
キュウセン

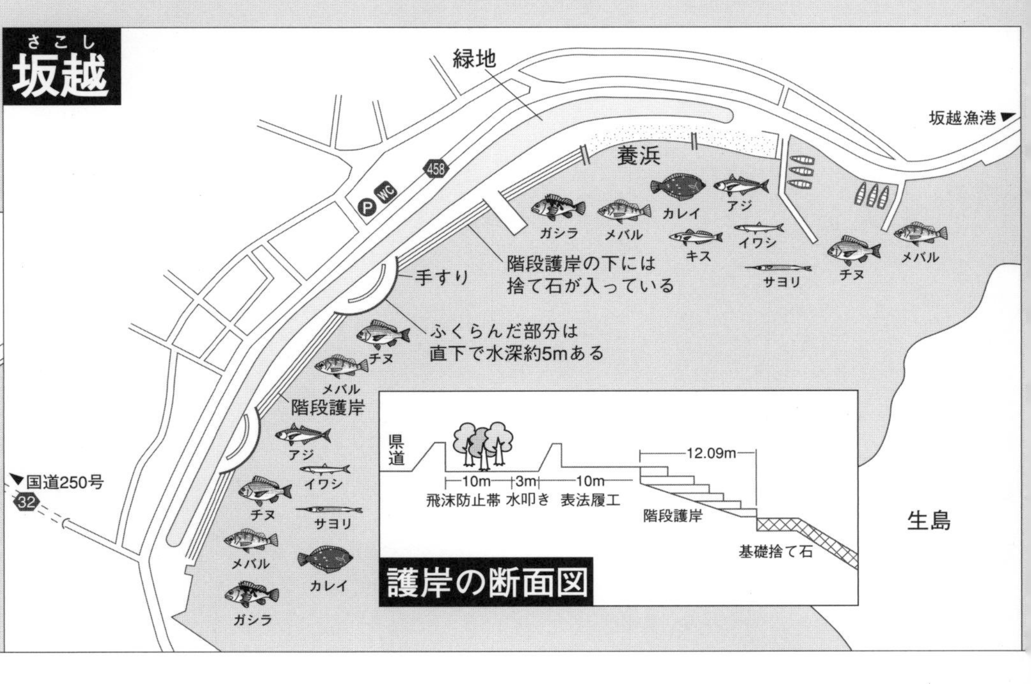

坂越《さこし》
緑地
坂越漁港
養浜
ガシラ
メバル
カレイ
アジ
キス
イワシ
サヨリ
チヌ
メバル
手すり
階段護岸の下には捨て石が入っている
ふくらんだ部分は直下で水深約5mある
チヌ
メバル
階段護岸
アジ
イワシ
チヌ
サヨリ
メバル
カレイ
ガシラ
国道250号
県道
10m
3m
10m
12.09m
飛沫防止帯
水叩き
表法履工
階段護岸
基礎捨て石
護岸の断面図
生島

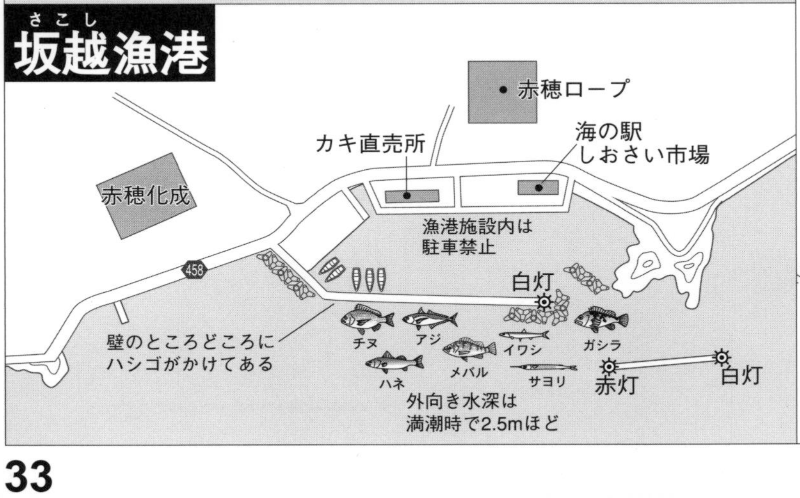

坂越漁港《さこしぎょこう》
赤穂ロープ
カキ直売所
海の駅しおさい市場
赤穂化成
漁港施設内は駐車禁止
白灯
壁のところどころにハシゴがかけてある
チヌ
アジ
メバル
イワシ
ガシラ
ハネ
サヨリ
赤灯
白灯
外向き水深は満潮時で2.5mほど

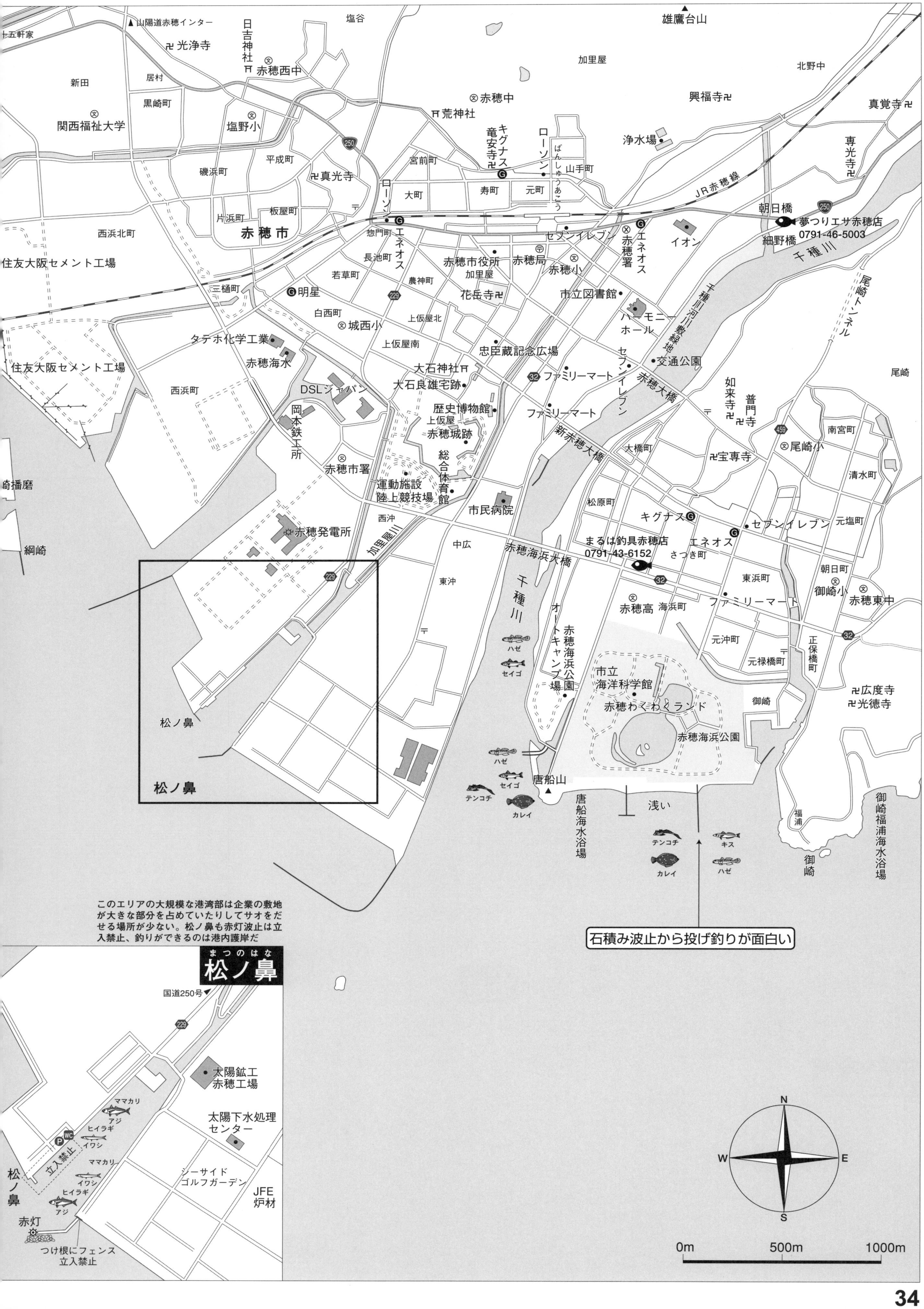

山陽道赤穂インター
十五軒家
塩谷
雄鷹台山
日吉神社
光浄寺
赤穂西中
加里屋
北野中
新田
居村
赤穂中
興福寺
真覚寺
黒崎町
荒神社
関西福祉大学
塩野小
キグナス
竜安寺
ローソン
ばんしゅうあこう
浄水場
専光寺
平成町
宮前町
山手町
磯浜町
真光寺
JR赤穂線
大町
寿町
元町
朝日橋
ローソン
片浜町
板屋町
夢つりエサ赤穂店
0791-46-5003
西浜北町
赤穂市
惣門町
エネオス
セブンイレブン
赤穂署
エネオス
イオン
細野橋
千種川
住友大阪セメント工場
長池町
赤穂市役所
赤穂局
赤穂小
加里屋
若草町
農神町
花岳寺
市立図書館
千種川河川敷緑地
尾崎トンネル
三橋町
明星
白西町
城西小
上仮屋北
ハーモニーホール
タテホ化学工業
上仮屋南
忠臣蔵記念広場
交通公園
赤穂海水
大石神社
セブンイレブン
住友大阪セメント工場
ファミリーマート
赤穂大橋
尾崎
西浜町
DSLジャパン
大石良雄宅跡
如来寺
普門寺
歴史博物館
ファミリーマート
岡本鉄工所
上仮屋
赤穂城跡
新赤穂大橋
南宮町
大橋町
宝専寺
尾崎小
赤穂市署
総合体育館
清水町
崎播磨
運動施設
陸上競技場
市民病院
松原町
西沖
キグナス
セブンイレブン
元塩町
赤穂発電所
まるは釣具赤穂店
0791-43-6152
エネオス
加里屋川
中広
赤穂海浜大橋
さつき町
朝日町
綱崎
東浜町
東沖
千種川
御崎小
赤穂東中
赤穂高
海浜町
ファミリーマート
オートキャンプ場
赤穂海浜公園
元沖町
正保橋町
ハゼ
セイゴ
市立海洋科学館
元禄橋町
赤穂わくわくランド
広度寺
光徳寺
御崎
松ノ鼻
赤穂海浜公園
ハゼ
セイゴ
唐船山
松ノ鼻
テンコチ
カレイ
唐船海水浴場
浅い
福浦
御崎福浦海水浴場
テンコチ
キス
カレイ
ハゼ
御崎
石積み波止から投げ釣りが面白い
松ノ鼻《まつのはな》
国道250号
太陽鉱工赤穂工場
ママカリ
アジ
ヒイラギ
イワシ
太陽下水処理センター
立入禁止
ママカリ
イワシ
シーサイドゴルフガーデン
ヒイラギ
アジ
JFE炉材
松ノ鼻
赤灯
つけ根にフェンス立入禁止
N
E
S
W
0m
500m
1000m

このエリアの大規模な港湾部は企業の敷地が大きな部分を占めていたりしてサオをだせる場所が少ない。松ノ鼻も赤灯波止は立入禁止、釣りができるのは港内護岸だ

赤穂《あこう》周辺

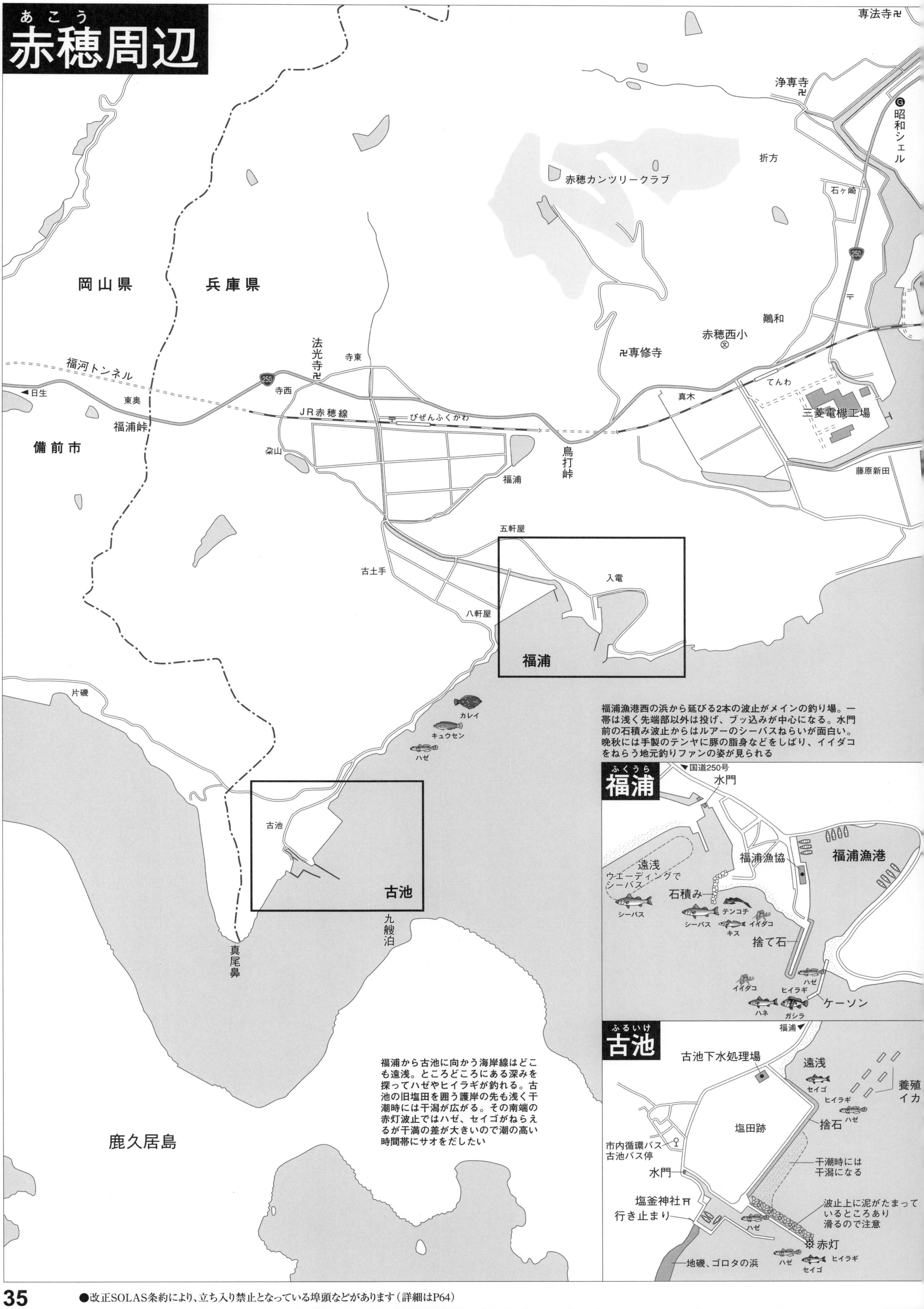
専法寺卍
浄専寺卍
昭和シェル
折方
赤穂カンツリークラブ
石ヶ崎
250
岡山県
兵庫県
鵜和
赤穂西小
卍専修寺
法光寺卍
寺東
福河トンネル
◀日生
250
寺西
東奥
てんわ
真木
三菱電機工場
JR赤穂線
びぜんふくかわ
福浦峠
備前市
鳥打峠
柔山
福浦
藤原新田
五軒屋
古土手
入電
八軒屋
福浦
片磯
カレイ
キュウセン
ハゼ
古池
古池
九艘泊
真尾鼻
鹿久居島
ふくうら
福浦
▼国道250号
水門
福浦漁協
福浦漁港
遠浅
ウエーディングで
シーバス
石積み
シーバス
テンコチ
シーバス
イイダコ
キス
捨て石
ハゼ
イイダコ
ヒイラギ
ケーソン
ハネ
ガシラ
ふるいけ
古池
福浦▼
古池下水処理場
遠浅
セイゴ
養殖
イカ
ヒイラギ
ハゼ
捨石
塩田跡
市内循環バス
古池バス停
干潮時には
干潟になる
水門
塩釜神社
行き止まり
波止上に泥がたまって
いるところあり
滑るので注意
ハゼ
赤灯
ハゼ
ヒイラギ
セイゴ
地磯、ゴロタの浜

福浦漁港西の浜から延びる2本の波止がメインの釣り場。一帯は浅く先端部以外は投げ、ブッ込みが中心になる。水門前の石積み波止からはルアーのシーバスねらいが面白い。晩秋には手製のテンヤに豚の脂身などをしばり、イイダコをねらう地元釣りファンの姿が見られる

福浦から古池に向かう海岸線はどこも遠浅。ところどころにある深みを探ってハゼやヒイラギが釣れる。古池の旧塩田を囲う護岸の先も浅く干潮時には干潟が広がる。その南端の赤灯波止ではハゼ、セイゴがねらえるが干満の差が大きいので潮の高い時間帯にサオをだしたい

●改正SOLAS条約により、立ち入り禁止となっている埠頭などがあります（詳細はP64）

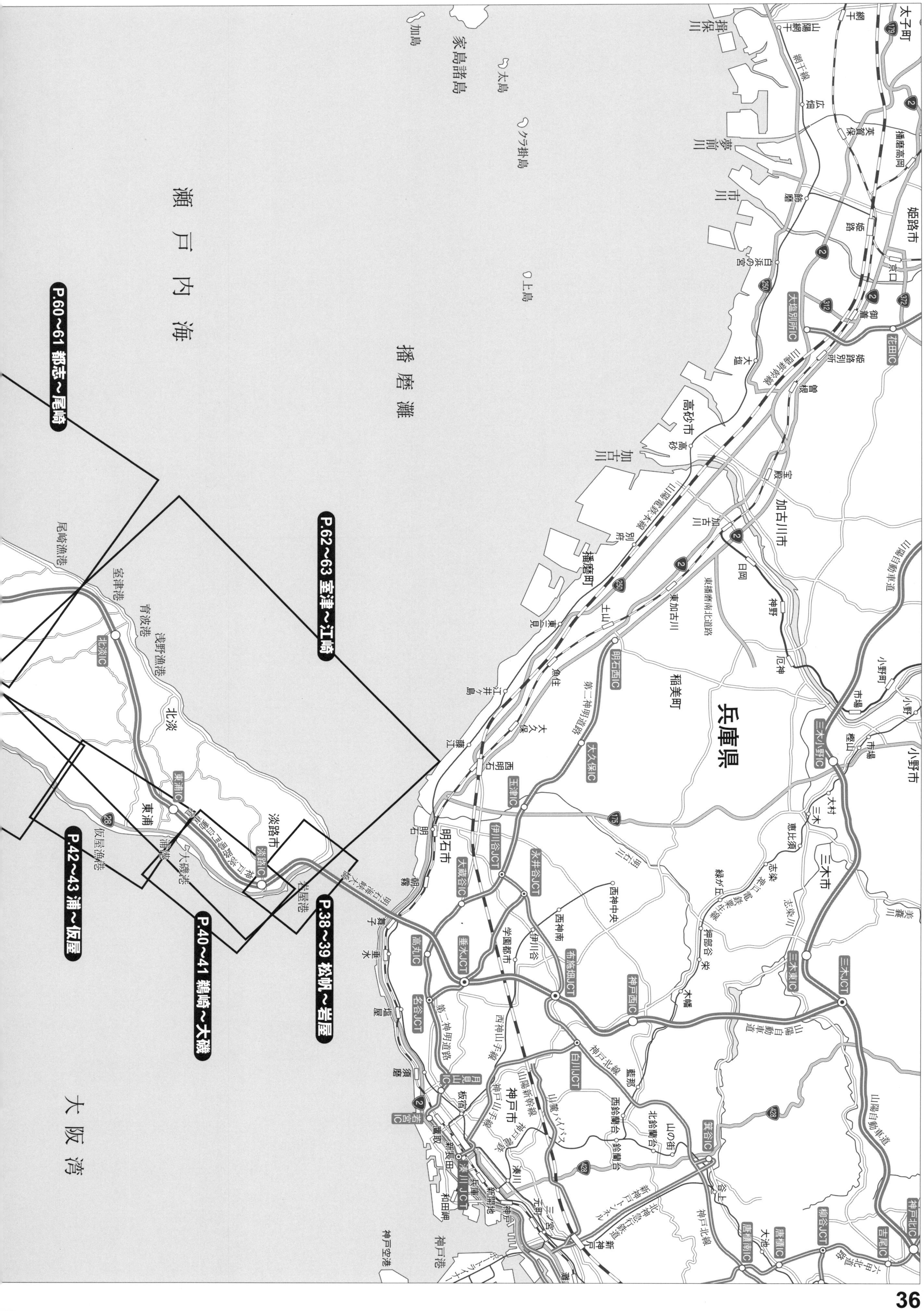
瀬戸内海
播磨灘
大阪湾
兵庫県
姫路市
高砂市
加古川市
播磨町
稲美町
明石市
神戸市
三木市
小野市
太子町
淡路市
家島諸島
P.60～61 都志～尾崎
P.62～63 室津～江崎
P.38～39 松帆～岩屋
P.40～41 鵜崎～大磯
P.42～43 浦～仮屋

淡路島エリア

P.44～45 佐野～生穂
P.46～47 津名港～塩尾
P.48～49 安乎～洲本
P.50～51 古茂江～由良
P.52～53 灘海岸・沼島
P.54～55 仁頃～福良湾
P.56～57 門崎～丸山
P.58～59 津井～船瀬
淡路島
大阪府
和歌山県
徳島県
紀伊水道
生穂漁港
津名一宮IC
津名
津名港
五色
仏崎
淡路島中央スマートIC
洲本IC
洲本市
洲本川
洲本港
雁子岬
津井港
湊港
西淡
西淡三原IC
弁天島
大日川
三原川
神戸淡路鳴門自動車道
南あわじ市
阿那賀港
大鳴門橋
鳴門海峡
淡路島南IC
福良港
鳴門北IC
島田島
押登崎
阿万港
大毛島
鳴門市
撫養港
鳴門
潮崎
沼島
旧吉野川
松茂町
北島町
今切川
成ヶ島
由良港
生石鼻
地ノ島
友ヶ島
沖ノ島
加太港
加太
田倉崎
磯ノ浦
二里ヶ浜
西ノ庄
八幡前
中松江
東松江
南海加太線
和歌山北港
紀ノ川
和歌山市
和歌山港
和歌山南港
雑賀崎漁港
和歌浦港
紀和
和歌山
和歌山IC
宮前
神前
わかやま電鉄
紀勢本線
紀三井寺
黒江
六十谷
紀伊中ノ島
阪和線
深日港
深日町
多奈川
みさき公園
淡輪港
淡輪
箱作
阪南市
岬町
南海本線
孝子
冷水浦
南海港
海南IC
海南市
下津IC
加茂郷
青石鼻
下津港
下津
初島
箕島
有田市
阪和自動車道
28
26
24
42
N
S
E
W
0
5
10
15
20Km

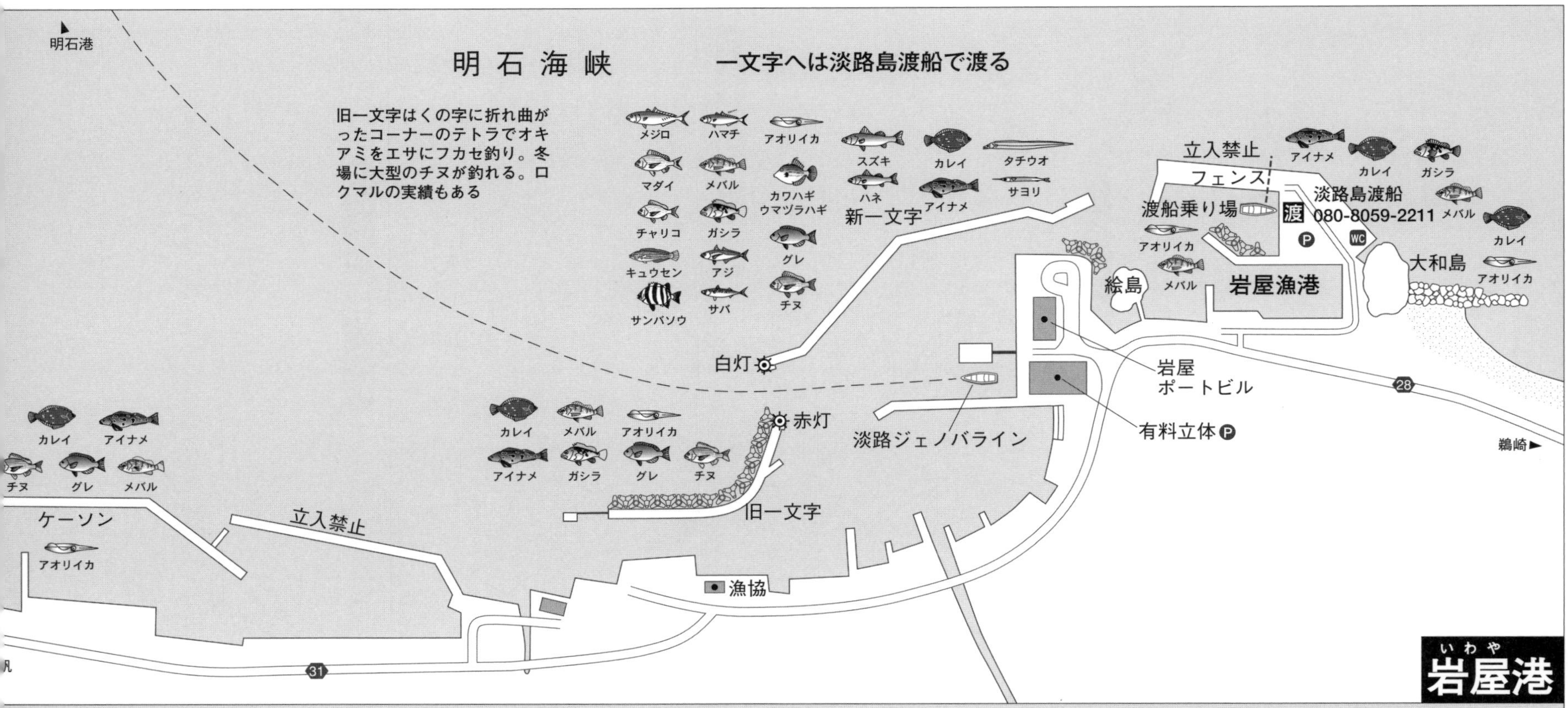

明石海峡に面した岩屋港は潮流も速く、魚種も多彩でサイズもでかい。特に新一文字は沖側にテトラがないため非常に釣りやすく、あらゆる釣り方にチャレンジできる。投げ釣り、ブッ込み釣り、探り釣り、ウキ釣り、ノマセ釣り、サビキ釣りとシーズンと好みに合わせて年中釣りが楽しめるところ。ただ、冬の時期は北西風がまともに当たるので、冬型の気圧配置がゆるんだ日に出かけるとよい

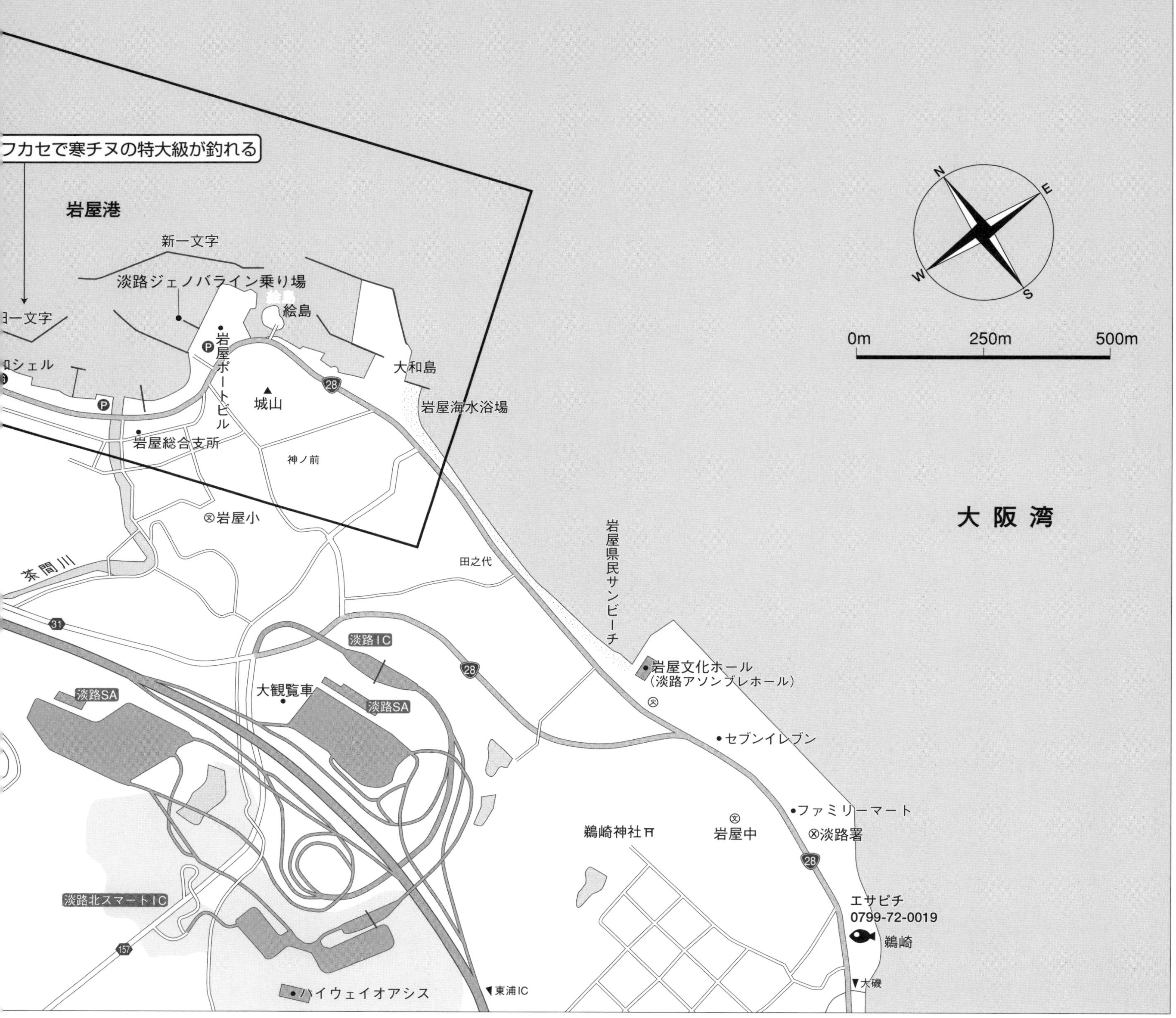

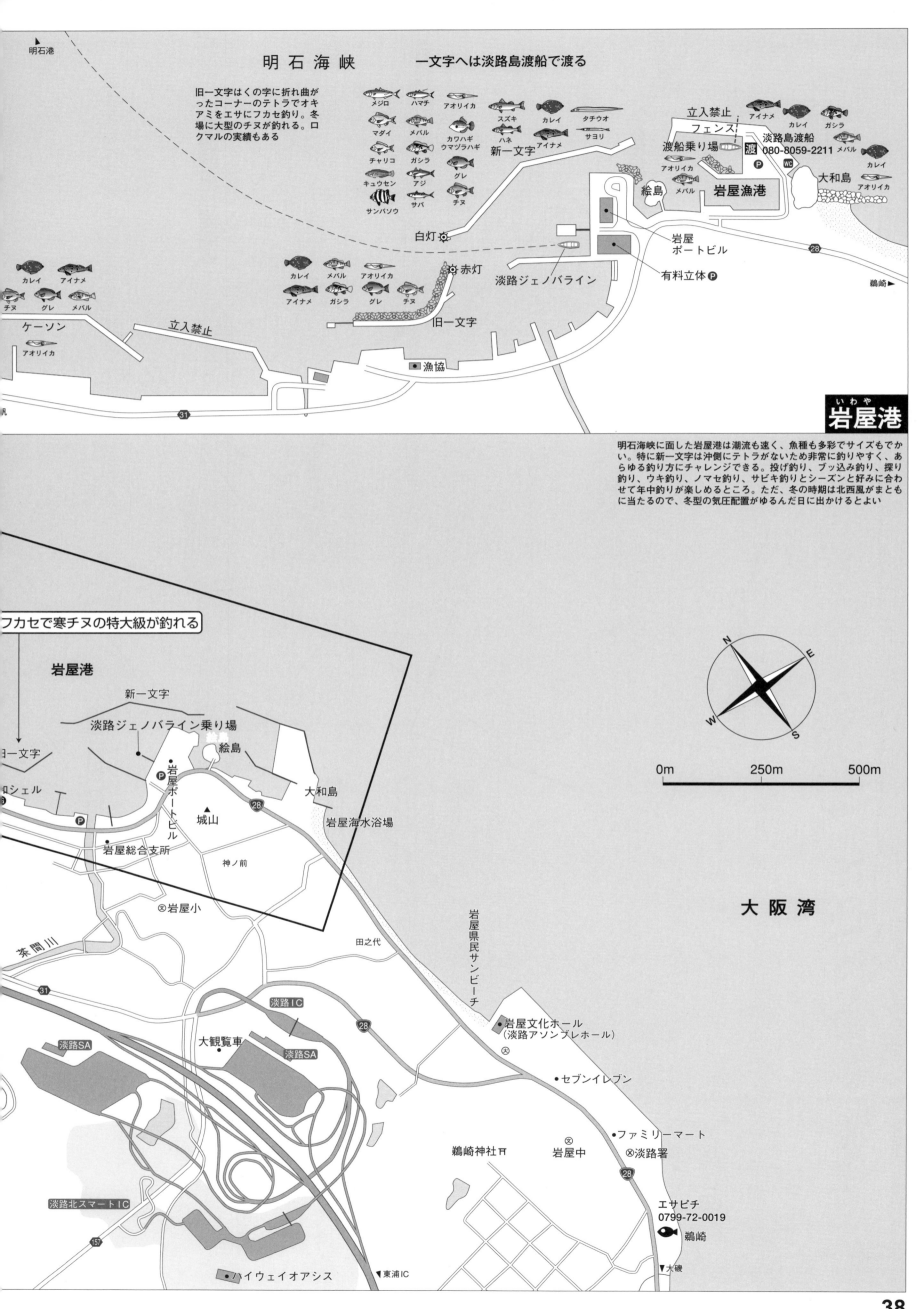

松帆《まつほ》〜岩屋《いわや》

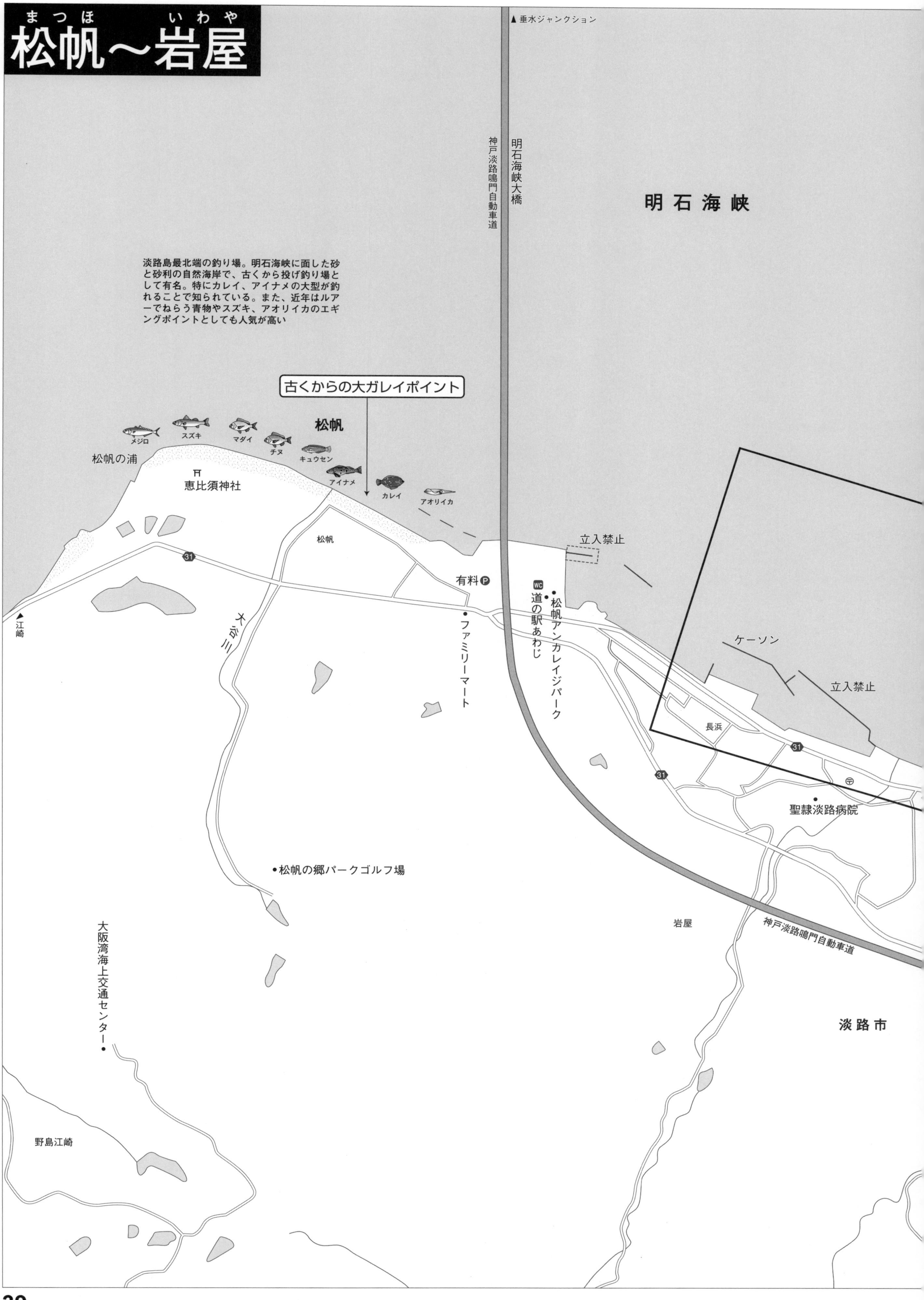

▲垂水ジャンクション
神戸淡路鳴門自動車道
明石海峡大橋
明石海峡
淡路島最北端の釣り場。明石海峡に面した砂と砂利の自然海岸で、古くから投げ釣り場として有名。特にカレイ、アイナメの大型が釣れることで知られている。また、近年はルアーでねらう青物やスズキ、アオリイカのエギングポイントとしても人気が高い
古くからの大ガレイポイント
松帆
メジロ
スズキ
マダイ
チヌ
キュウセン
アイナメ
カレイ
アオリイカ
松帆の浦
恵比須神社
松帆
31
有料
立入禁止
道の駅あわじ
松帆アンカレイジパーク
ファミリーマート
江崎
大谷川
ケーソン
立入禁止
長浜
31
31
聖隷淡路病院
松帆の郷パークゴルフ場
岩屋
神戸淡路鳴門自動車道
大阪湾海上交通センター
淡路市
野島江崎

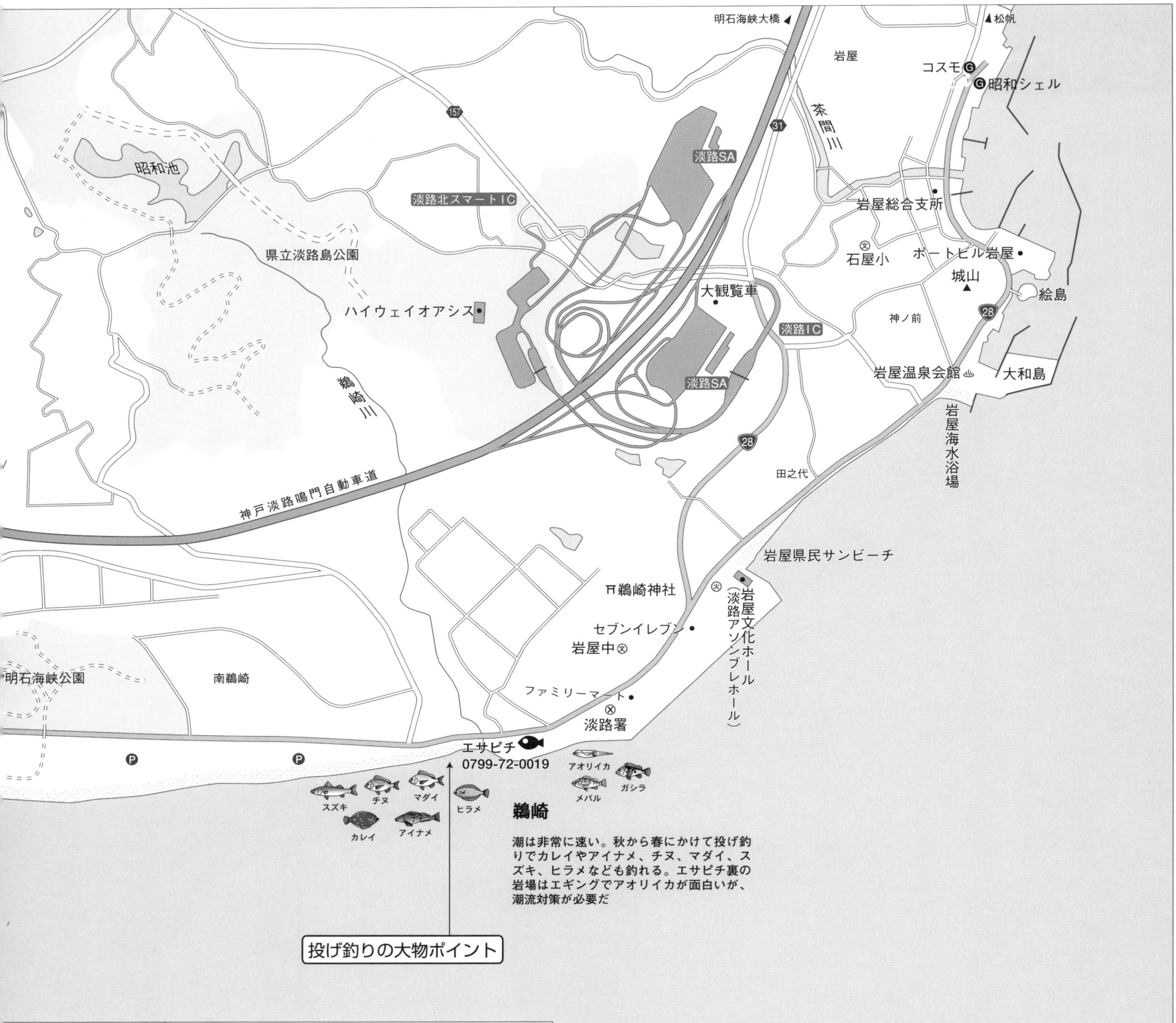
明石海峡大橋
松帆
岩屋
コスモ
昭和シェル
茶間川
157
31
昭和池
淡路SA
淡路北スマートIC
岩屋総合支所
県立淡路島公園
石屋小
ポートビル岩屋
城山
絵島
大観覧車
ハイウェイオアシス
淡路IC
神ノ前
28
鵜崎川
岩屋温泉会館
大和島
淡路SA
岩屋海水浴場
田之代
神戸淡路鳴門自動車道
岩屋県民サンビーチ
鵜崎神社
岩屋文化ホール（淡路アソンブレホール）
セブンイレブン
岩屋中
明石海峡公園
南鵜崎
ファミリーマート
淡路署
エサピチ
0799-72-0019
アオリイカ
ガシラ
メバル
スズキ
チヌ
マダイ
ヒラメ
カレイ
アイナメ
投げ釣りの大物ポイント

鵜崎

潮は非常に速い。秋から春にかけて投げ釣りでカレイやアイナメ、チヌ、マダイ、スズキ、ヒラメなども釣れる。エサピチ裏の岩場はエギングでアオリイカが面白いが、潮流対策が必要だ

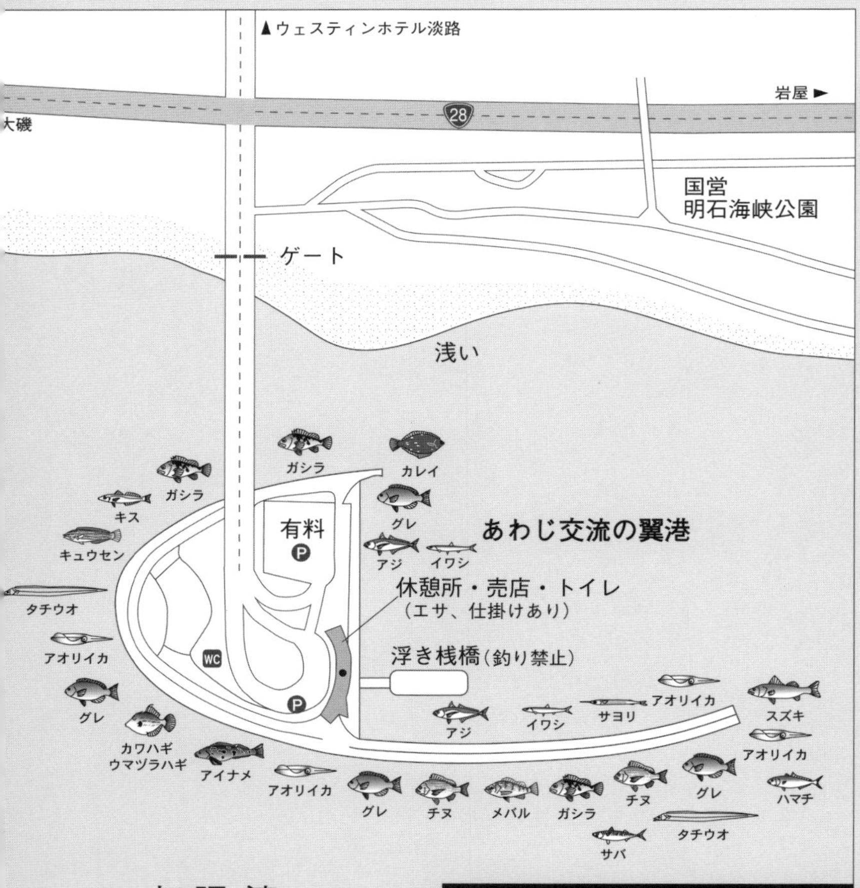
ウェスティンホテル淡路
岩屋
大磯
28
国営
明石海峡公園
ゲート
浅い
ガシラ
カレイ
ガシラ
キス
グレ
キュウセン
有料
アジ
イワシ
あわじ交流の翼港
タチウオ
休憩所・売店・トイレ
（エサ、仕掛けあり）
アオリイカ
WC
浮き桟橋（釣り禁止）
グレ
アオリイカ
スズキ
アジ
イワシ
サヨリ
カワハギ
ウマヅラハギ
アイナメ
アオリイカ
スズキ
アオリイカ
グレ
チヌ
メバル
ガシラ
チヌ
グレ
ハマチ
タチウオ
サバ
大阪湾

あわじ交流《こうりゅう》の翼《つばさ》港

●あわじ交流の翼港
TEL0799-74-1000
釣りをする場合は清掃協力金1人500円
駐車料金：車1台500円
開園時間：平日8～20時、土日祝日 6 ～20時
※当面の間は平日、土日祝日とも19時閉園

2018年の台風被害で閉園していたが2020年に再開。以前と変わらず釣りはできるが、あくまでも釣り専用施設ではないのでルールとマナーを守って釣ること。特に開園時間外の立ち入りは絶対にしないこと

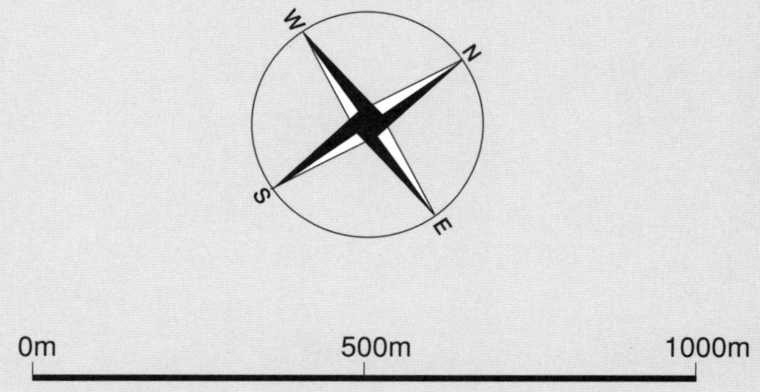
W
N
S
E
0m
500m
1000m

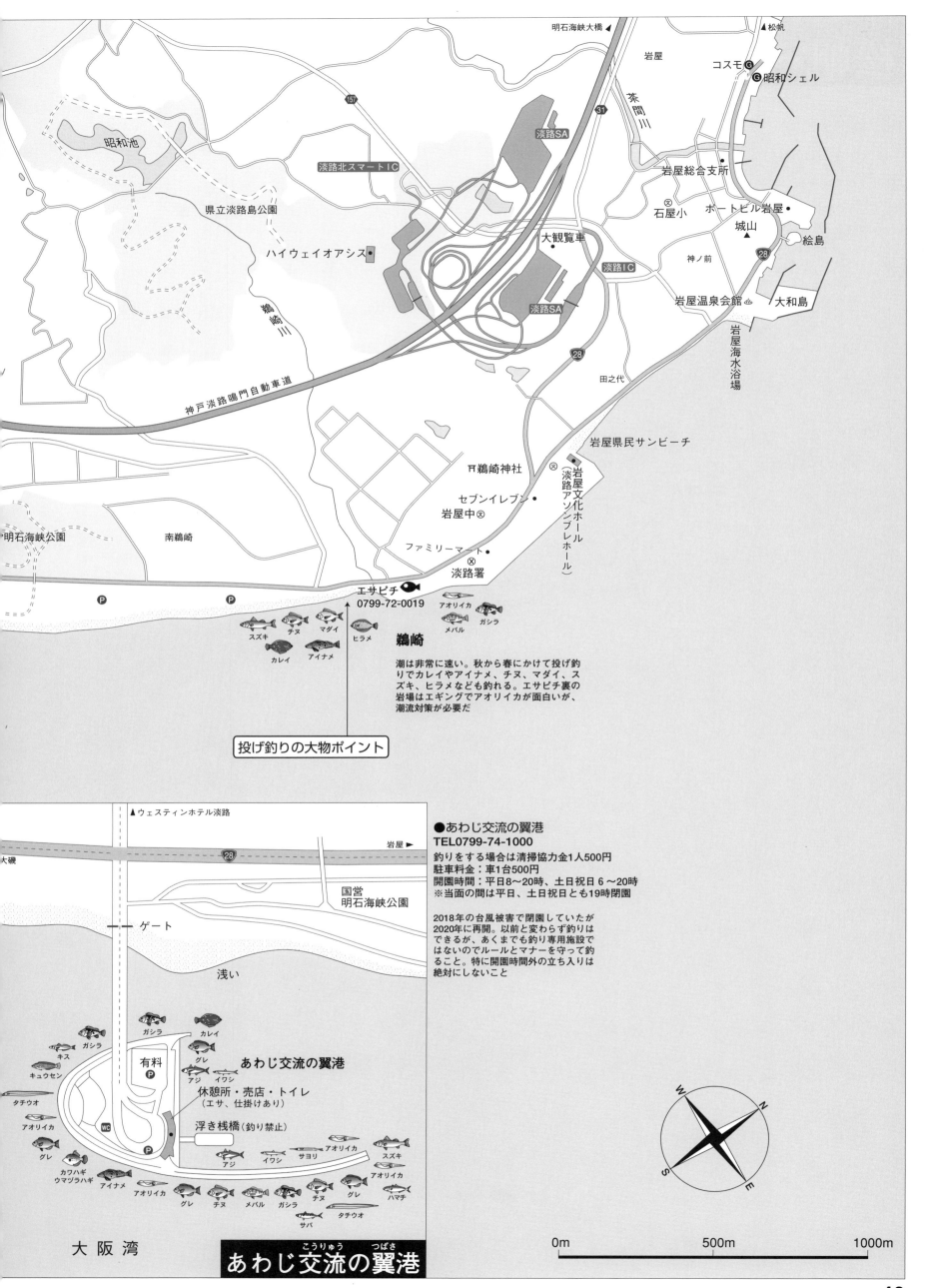

鵜崎《うざき》〜大磯《おおいそ》

谷山ダム
楠本
神戸淡路鳴門自動車道
◄東浦インター
淡路
篝場山
卍別格本山
本福寺
浦
楠本川
百段苑
展望テラス
奇跡の星の植物園
淡路夢舞台
野外劇場
ウェスティンホテル淡路
リゾート＆コンファレンス
県立淡路夢舞台
国際会議場
28
久留麻
井上浜
洲本実業高
東浦分校
浜
三洋電機
小磯
大磯
淡路島
航路標識事務所
浦港
大磯港
紀州釣りの好釣り場
あわじ交流の翼港
大阪湾

以前、神戸の須磨とフェリーで結ばれていた大磯港だが、現在はその広い港内の半分は立ち入りができない。メインの釣り場となるのは港出口付近の水道部と表のテトラ。水道部はサビキ釣りなどで人気。紀州釣りも可能。テトラは投げ釣りやルアーフィッシングの人が多い

大磯《おおいそ》港

◄浦
フィッシング
ショップかもめ
0799-74-4811
28
大磯高速バスターミナル
漁協
あわじ交流の
翼港
三洋電機
洲本実業高
東浦分校
グラウンド
大磯港
フェンスがあって
立入り不可
カレイ
鉄塔
（ラジオアンテナ）
キス
テンコチ
アイナメ
アオリイカ
カレイ
ガシラ
チヌ
キュウセン
チヌ
タチウオ
メバル
スズキ
アオリイカ
メバル
カマス
ハマチ
メッキ
カレイ
アイナメ
メバル
ガシラ
アオリイカ
大阪湾

浦《うら》港

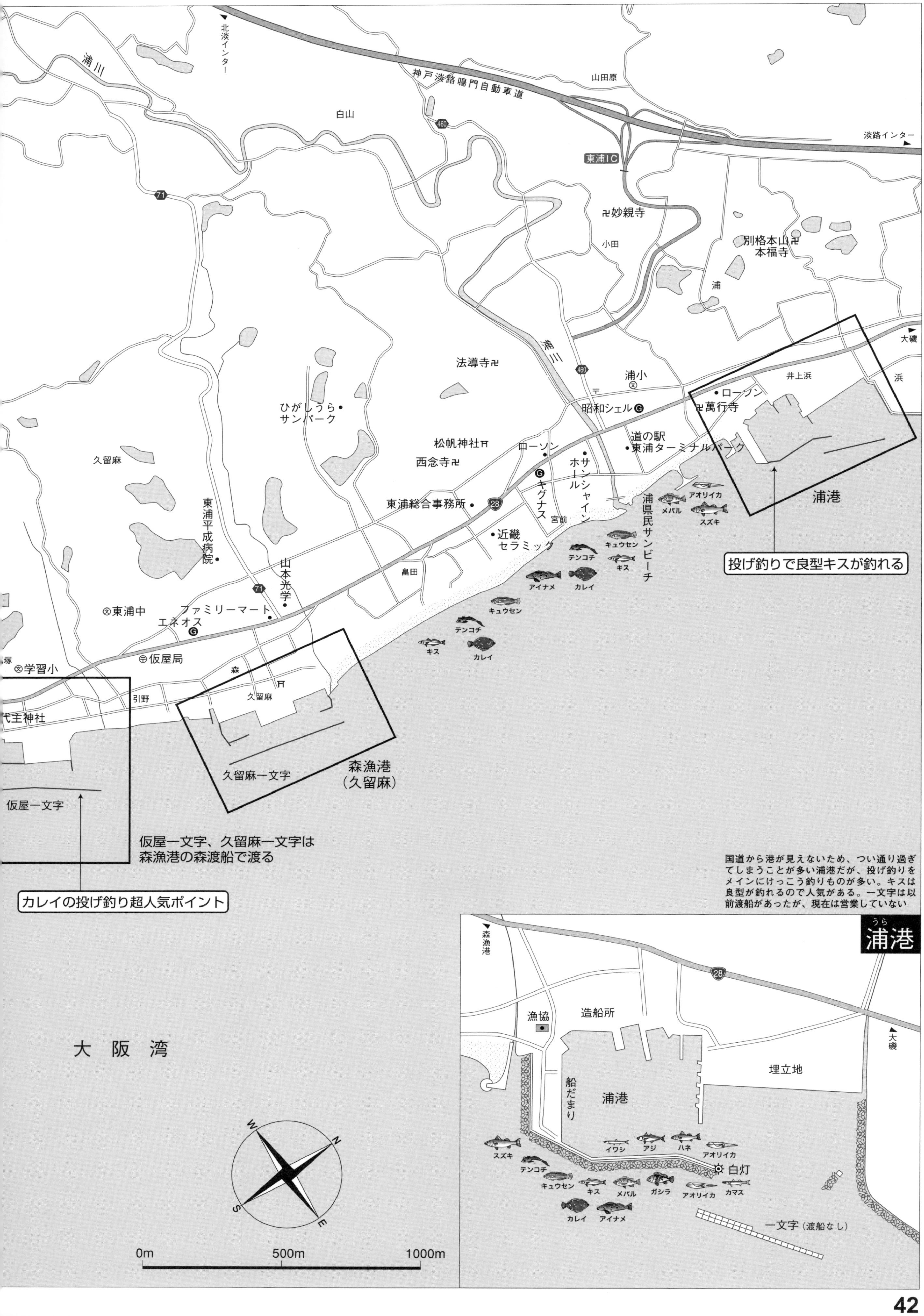

北淡インター
浦川
神戸淡路鳴門自動車道
山田原
白山
460
淡路インター
東浦IC
71
妙親寺
小田
別格本山
本福寺
浦
大磯
浦川
法導寺
460
浦小
井上浜
浜
ローソン
萬行寺
ひがしうら
サンパーク
昭和シェル
道の駅
東浦ターミナルパーク
松帆神社
ローソン
西念寺
サンシャインホール
久留麻
キグナス
東浦総合事務所
28
宮前
浦県民サンビーチ
アオリイカ
メバル
スズキ
浦港
東浦平成病院
近畿セラミック
キュウセン
テンコチ
キス
アイナメ
カレイ
キュウセン
テンコチ
キス
カレイ
投げ釣りで良型キスが釣れる
山本光学
畠田
71
東浦中
ファミリーマート
エネオス
仮屋局
学習小
森
引野
久留麻
代主神社
森漁港
（久留麻）
久留麻一文字
仮屋一文字
仮屋一文字、久留麻一文字は
森漁港の森渡船で渡る
カレイの投げ釣り超人気ポイント
大阪湾
W
N
S
E
0m
500m
1000m
森漁港
28
漁協
造船所
大磯
埋立地
船だまり
浦港
スズキ
イワシ
アジ
ハネ
アオリイカ
白灯
テンコチ
キュウセン
キス
メバル
ガシラ
アオリイカ
カマス
カレイ
アイナメ
一文字（渡船なし）

国道から港が見えないため、つい通り過ぎてしまうことが多い浦港だが、投げ釣りをメインにけっこう釣りものが多い。キスは良型が釣れるので人気がある。一文字は以前渡船があったが、現在は営業していない

浦《うら》～仮屋《かりや》

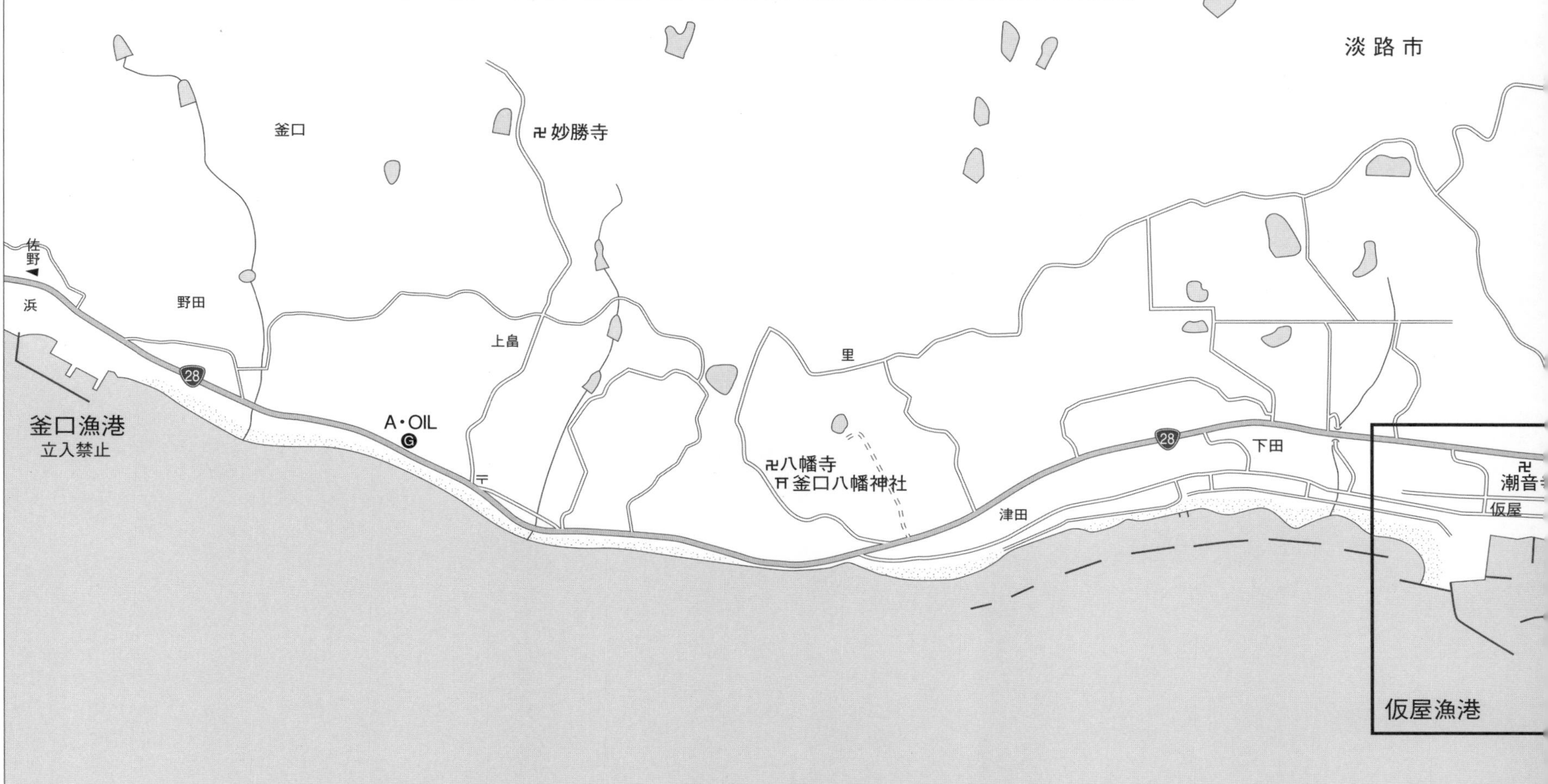
小田
淡路市
釜口
妙勝寺
佐野
浜
野田
上畠
里
28
釜口漁港
立入禁止
A・OIL
八幡寺
釜口八幡神社
津田
下田
仮屋
仮屋漁港

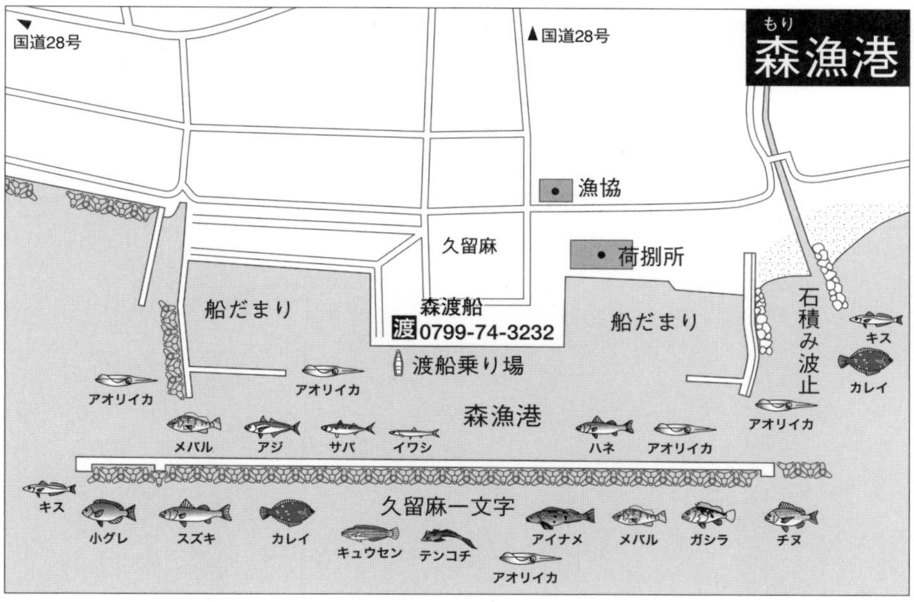
森《もり》漁港
国道28号
国道28号
漁協
久留麻
荷捌所
船だまり
森渡船
渡 0799-74-3232
渡船乗り場
船だまり
石積み波止
キス
カレイ
アオリイカ
アオリイカ
森漁港
メバル
アジ
サバ
イワシ
ハネ
アオリイカ
アオリイカ
久留麻一文字
キス
小グレ
スズキ
カレイ
キュウセン
テンコチ
アイナメ
メバル
ガシラ
チヌ
アオリイカ

久留麻一文字は南隣の仮屋一文字と並んで、秋の乗っ込みカレイ釣り場として定評があり中小型の数がそろう。ルアーならシーバスねらいも面白い。森漁港内のほうはエギングのアオリイカで人気がある

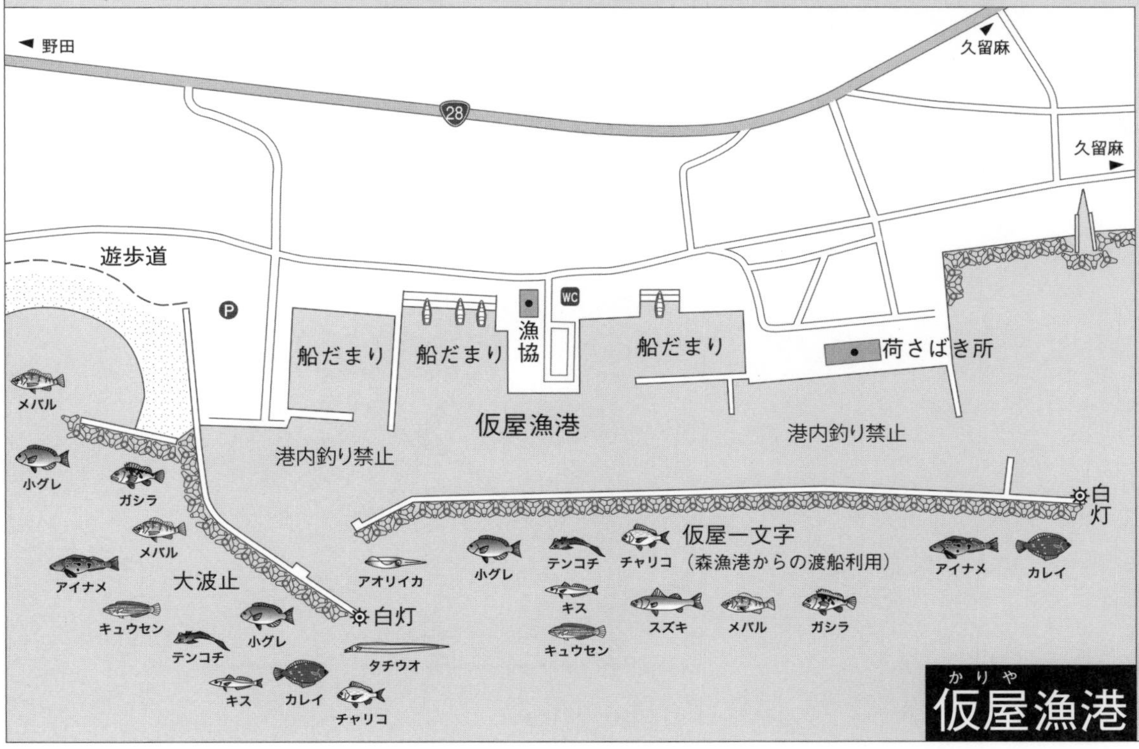
野田
久留麻
28
久留麻
遊歩道
P
WC
船だまり
船だまり
漁協
船だまり
荷さばき所
仮屋漁港
港内釣り禁止
港内釣り禁止
白灯
メバル
小グレ
ガシラ
メバル
アイナメ
大波止
キュウセン
テンコチ
小グレ
白灯
キス
カレイ
チャリコ
タチウオ
アオリイカ
小グレ
テンコチ
チャリコ
仮屋一文字
(森漁港からの渡船利用)
キス
キュウセン
スズキ
メバル
ガシラ
アイナメ
カレイ
仮屋《かりや》漁港

仮屋一文字といえば投げ釣りのカレイで非常に有名。特に一文字の沖向きで実績が高いが、白灯波止も負けず劣らす。港内も見逃せない穴場。投げ釣り以外でも魚種は豊富で一年中、何かしらの魚が釣り人を楽しませてくれるところ。港内ではアジやイワシのサビキ釣り、マダコも楽しい。ルアーのシーバスや青物、アオリイカのエギングも、もちろんOK

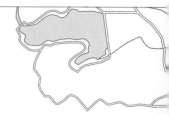

佐野《さの》〜生穂《いくほ》

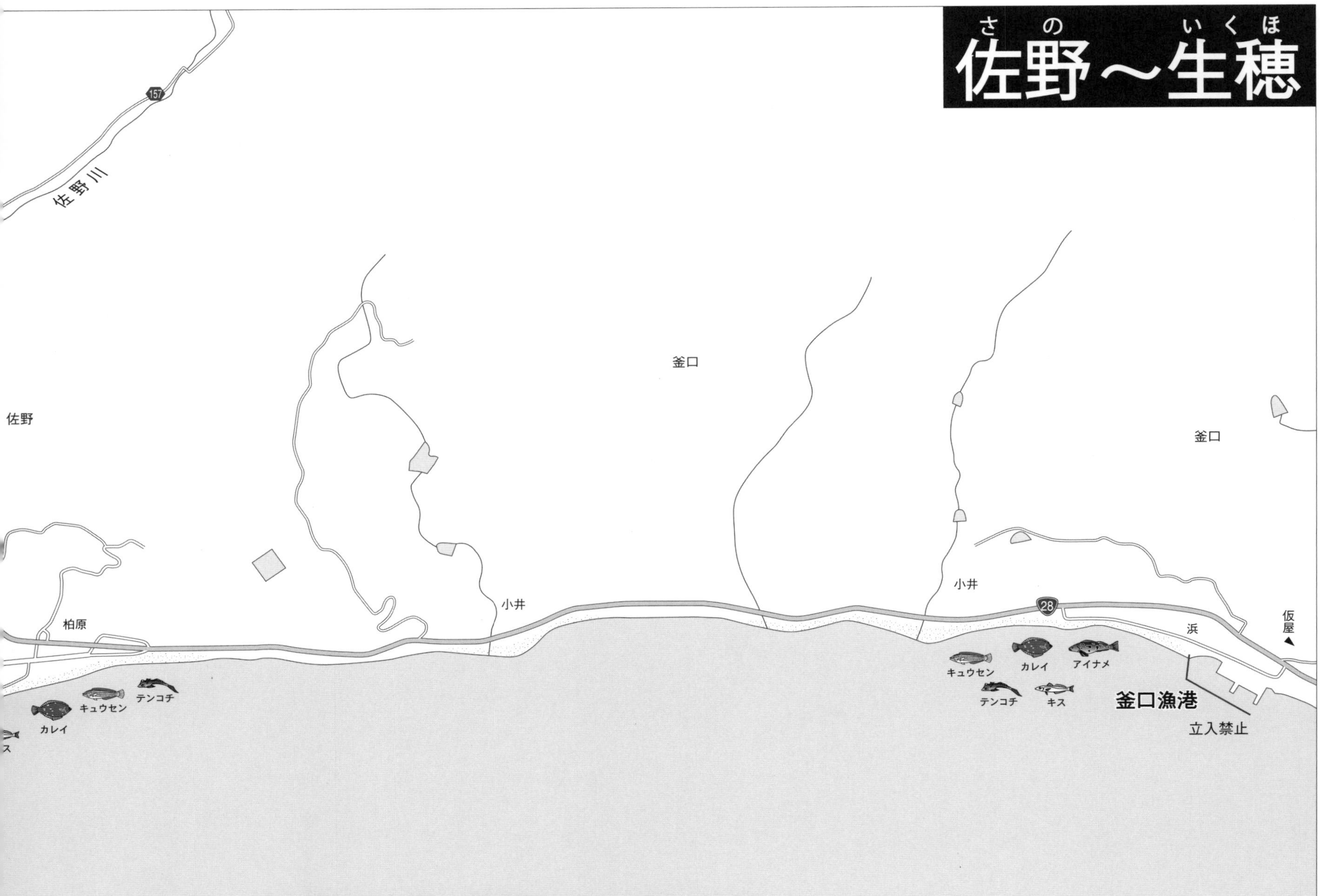
157
佐野川
佐野
釜口
釜口
柏原
小井
小井
28
浜
仮屋
キュウセン
カレイ
アイナメ
テンコチ
キス
釜口漁港
立入禁止
テンコチ
キュウセン
カレイ
ス

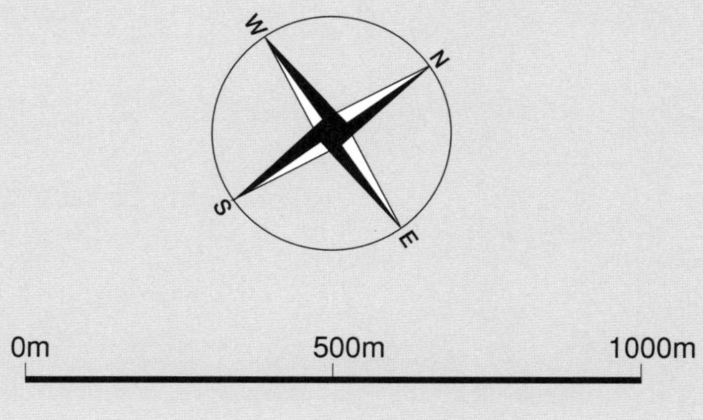
W
N
S
E
0m
500m
1000m

佐野新島北側。人気ポイントは白灯波止周辺でファミリー向きのサビキ釣り、チョイ投げからトーナメント志向の磯釣りファンがグレ釣りの練習にも訪れるところ。秋はノマセ釣りでハマチ、メジロ、夜はタチウオ釣りで人気。またアオリイカがこの周辺では一番多いポイントでもある。佐野漁港とは徒歩なら橋で新島と行き来できる

佐野《さの》

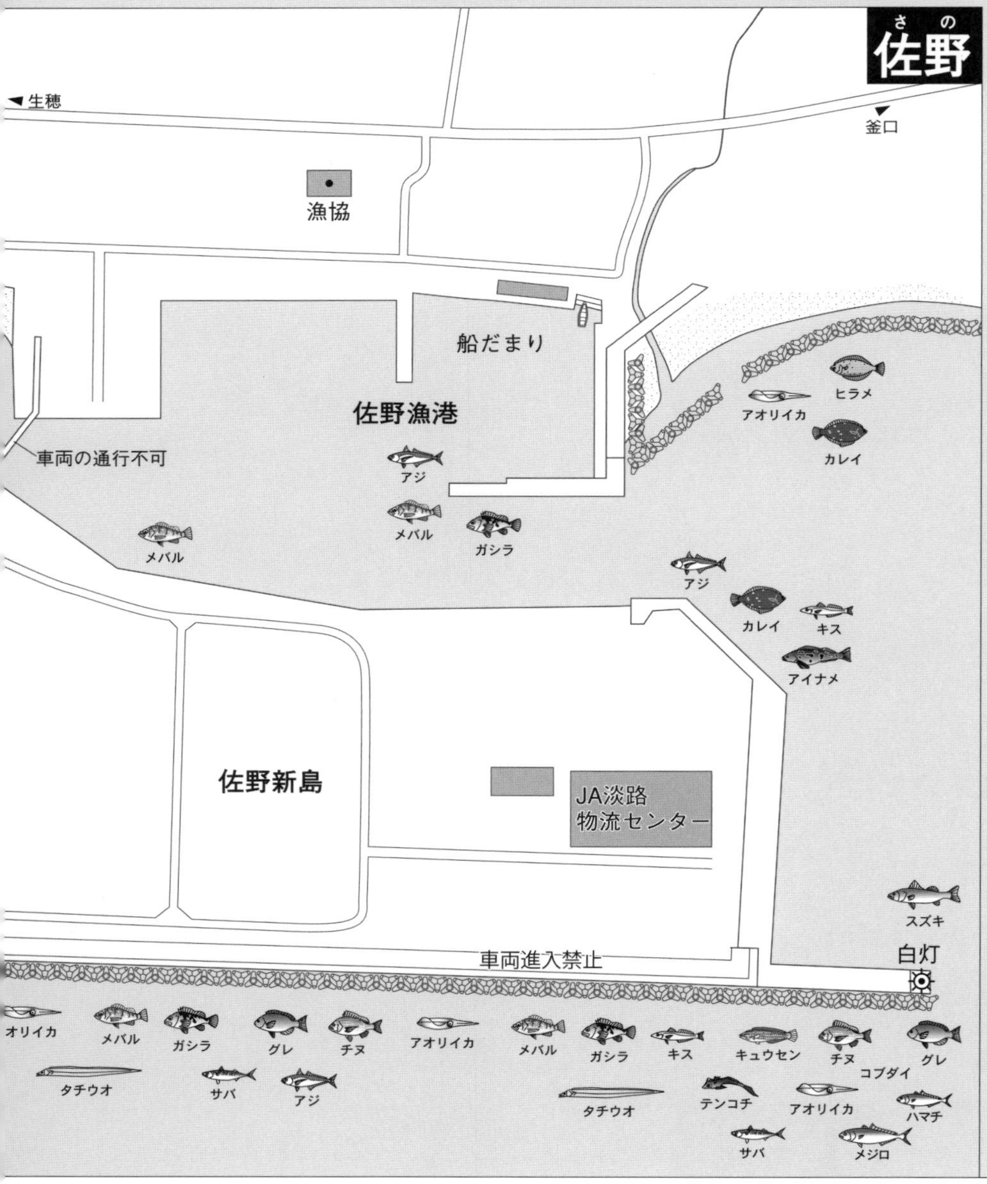
◀ 生穂
釜口
漁協
船だまり
佐野漁港
車両の通行不可
ヒラメ
アオリイカ
カレイ
アジ
メバル
ガシラ
メバル
アジ
カレイ
キス
アイナメ
佐野新島
JA淡路
物流センター
スズキ
白灯
車両進入禁止
オリイカ
メバル
ガシラ
グレ
チヌ
アオリイカ
メバル
ガシラ
キス
キュウセン
チヌ
グレ
コブダイ
タチウオ
サバ
アジ
タチウオ
テンコチ
アオリイカ
ハマチ
サバ
メジロ

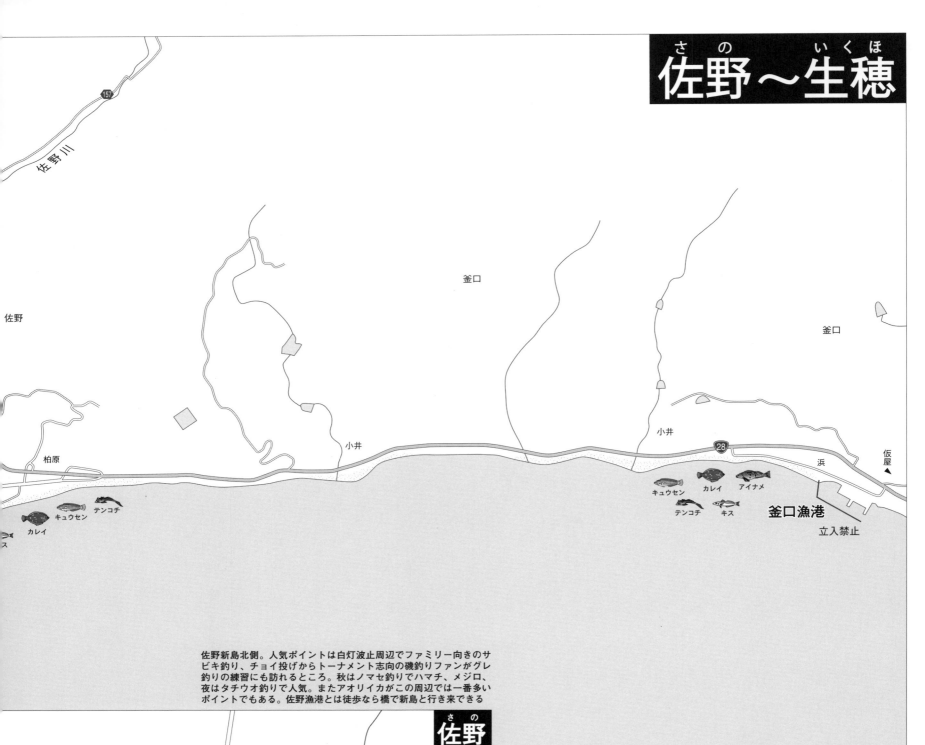

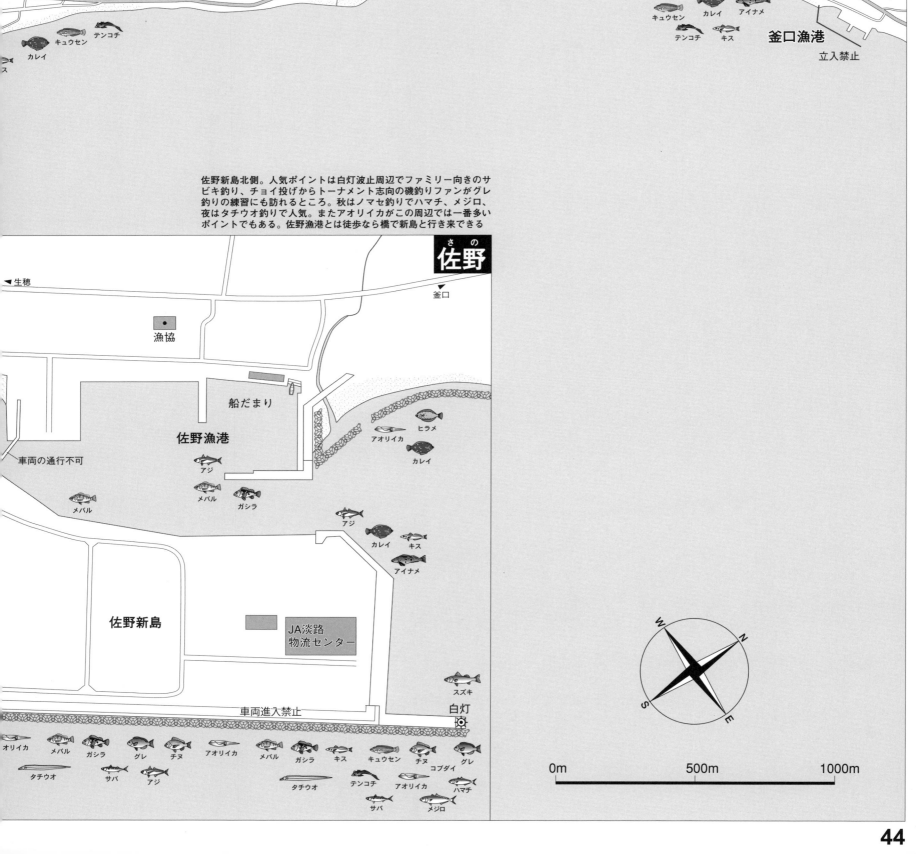

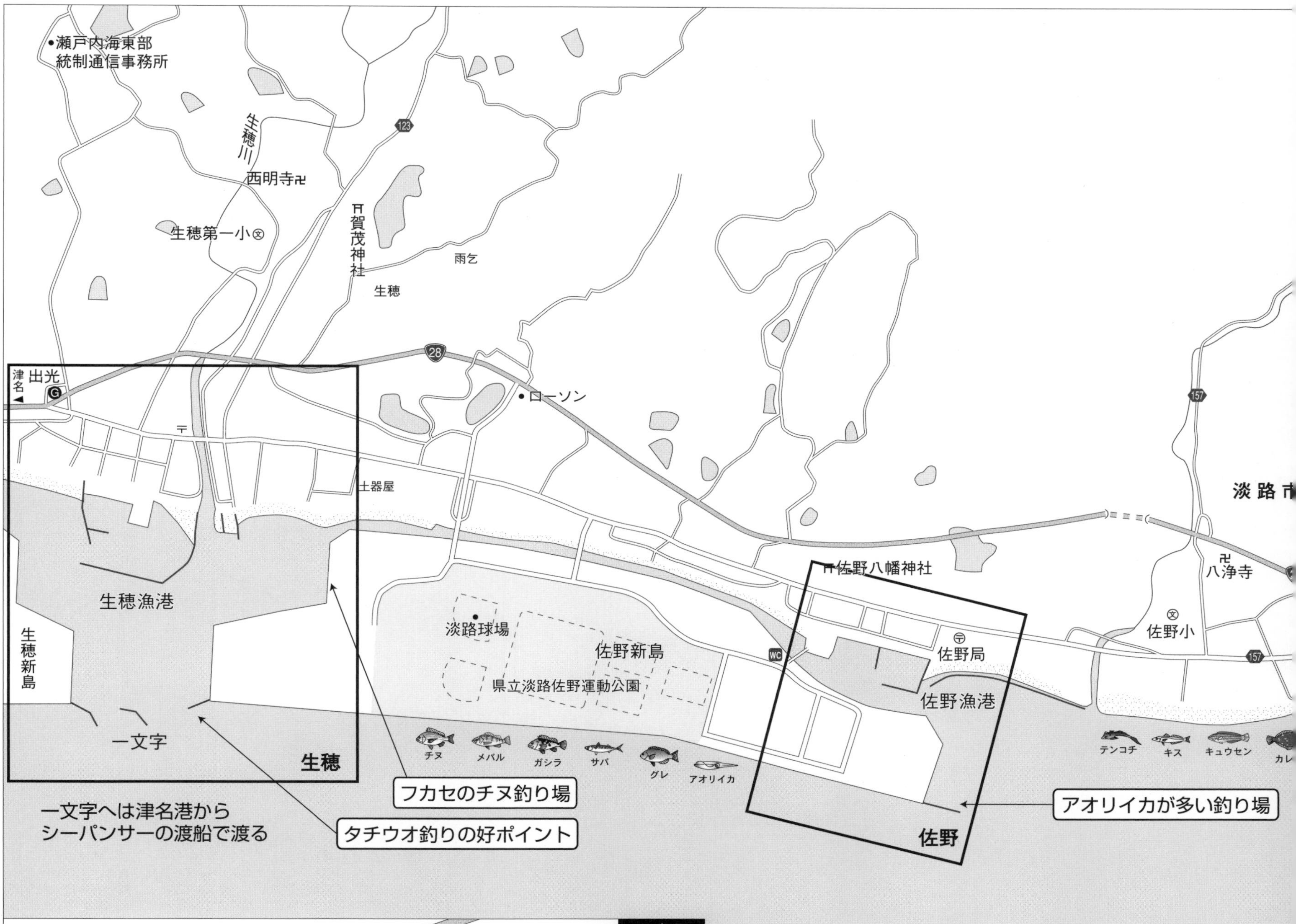

●瀬戸内海東部
統制通信事務所
生穂川
123
西明寺
賀茂神社
生穂第一小
雨乞
生穂
28
津名
出光
ローソン
157
土器屋
淡路
佐野八幡神社
八浄寺
生穂漁港
生穂新島
淡路球場
佐野新島
県立淡路佐野運動公園
佐野局
佐野小
佐野漁港
一文字
チヌ
メバル
ガシラ
サバ
グレ
アオリイカ
テンコチ
キス
キュウセン
カレ
生穂
フカセのチヌ釣り場
アオリイカが多い釣り場
一文字へは津名港から
シーパンサーの渡船で渡る
タチウオ釣りの好ポイント
佐野
大阪湾

生穂《いくほ》

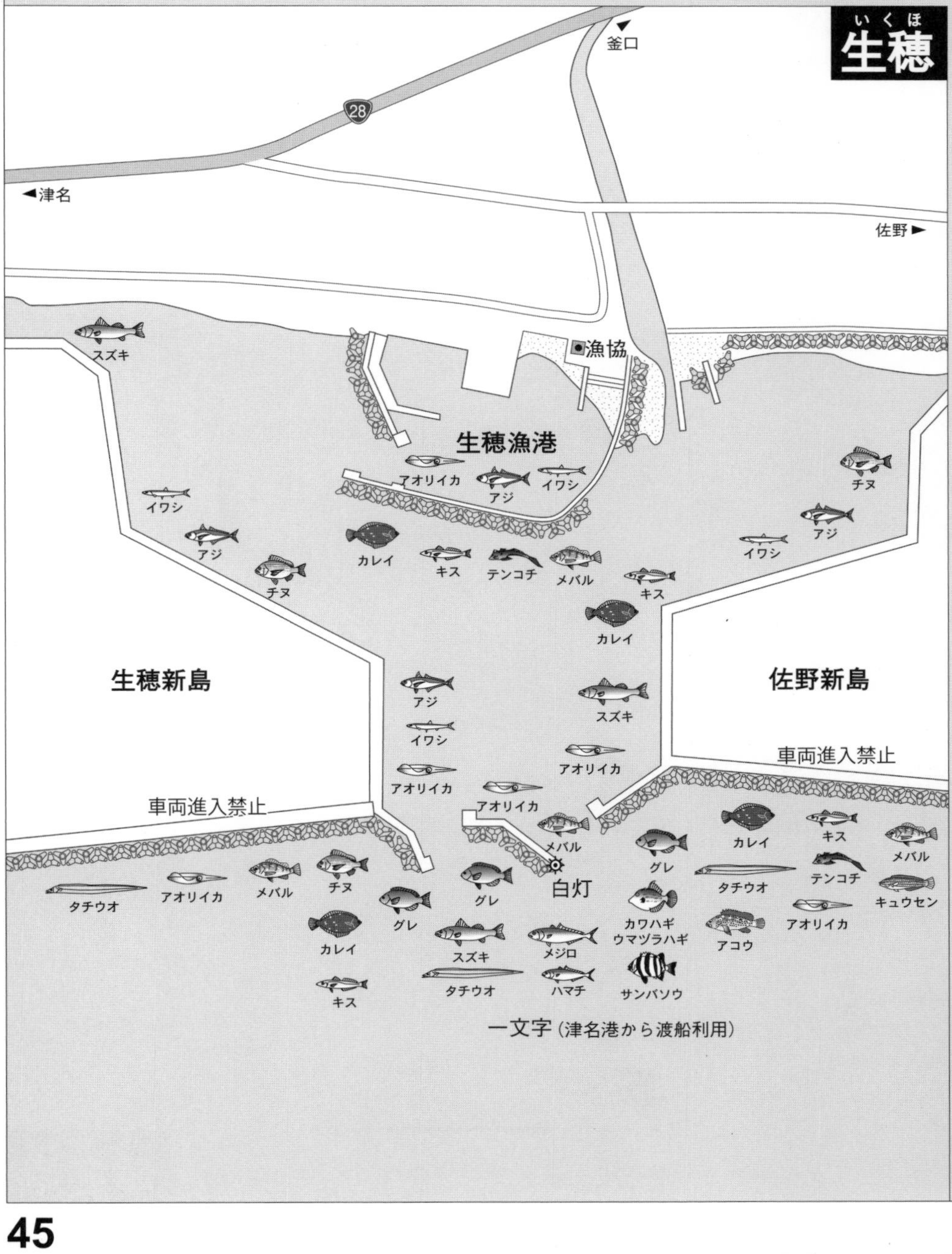

釜口
28
津名
佐野
スズキ
漁協
生穂漁港
アオリイカ
アジ
イワシ
チヌ
イワシ
アジ
カレイ
キス
テンコチ
メバル
イワシ
アジ
チヌ
キス
カレイ
生穂新島
佐野新島
アジ
スズキ
イワシ
アオリイカ
アオリイカ
アオリイカ
車両進入禁止
車両進入禁止
メバル
カレイ
キス
メバル
グレ
テンコチ
白灯
タチウオ
アオリイカ
メバル
チヌ
グレ
グレ
タチウオ
キュウセン
カワハギ
ウマヅラハギ
アオリイカ
アコウ
カレイ
グレ
スズキ
メジロ
タチウオ
ハマチ
サンバソウ
キス
一文字（津名港から渡船利用）

佐野新島南側と生穂新島北側との水道部。その奥にあるのが生穂漁港。このエリアで最高のポイントは一文字で、津名港から渡船を利用する。フカセ釣りや青物のノマセ釣り、アオリイカ釣り、根魚ねらいと、お好みの釣りが堪能できる。両新島から突き出した波止も好ポイントで、特にタチウオの夜釣りでは多くの釣り人が電気ウキを投げる釣り場だ。両新島の内側はサビキ釣りが中心だが、フカセのチヌの実績も高い

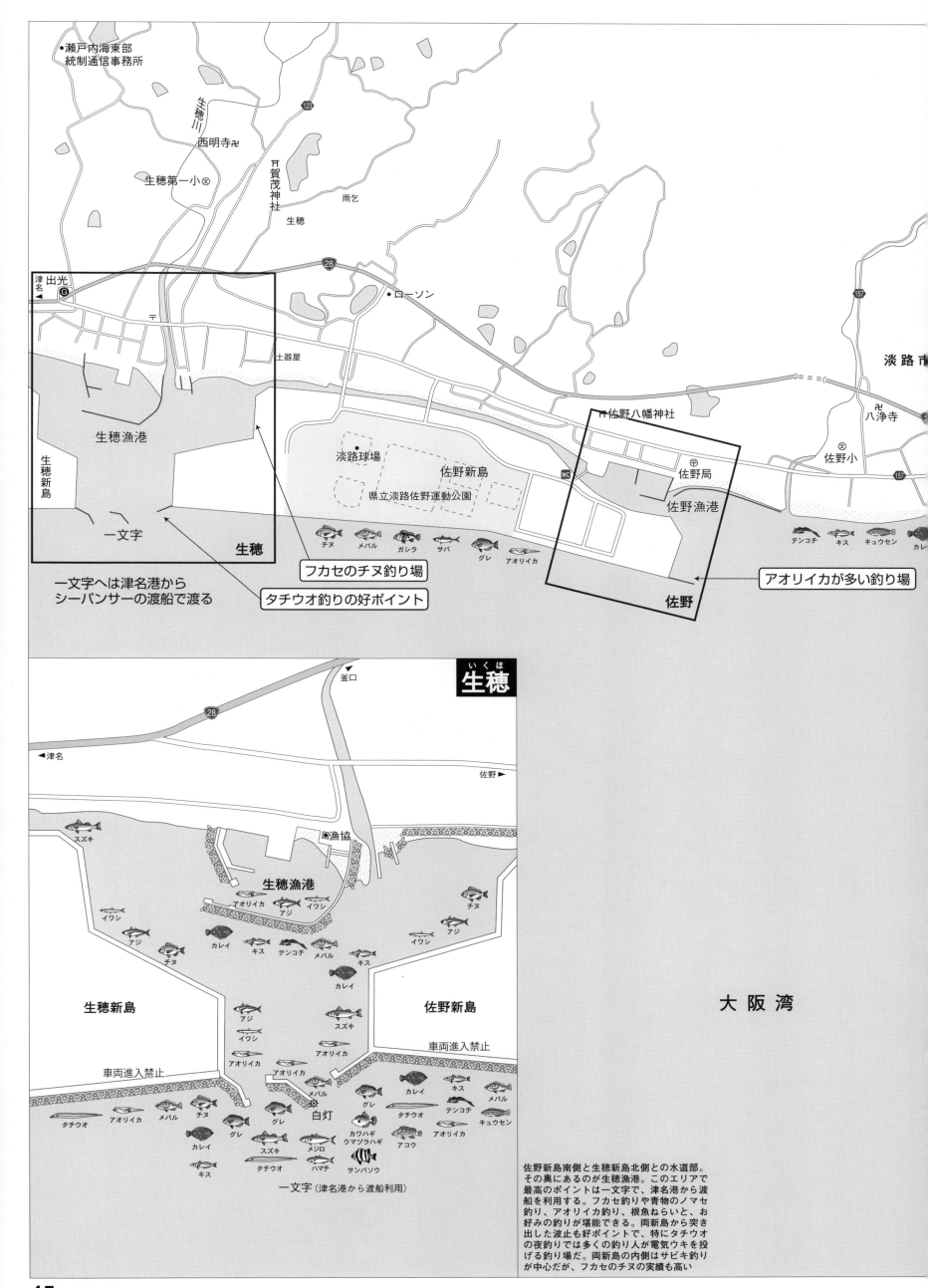

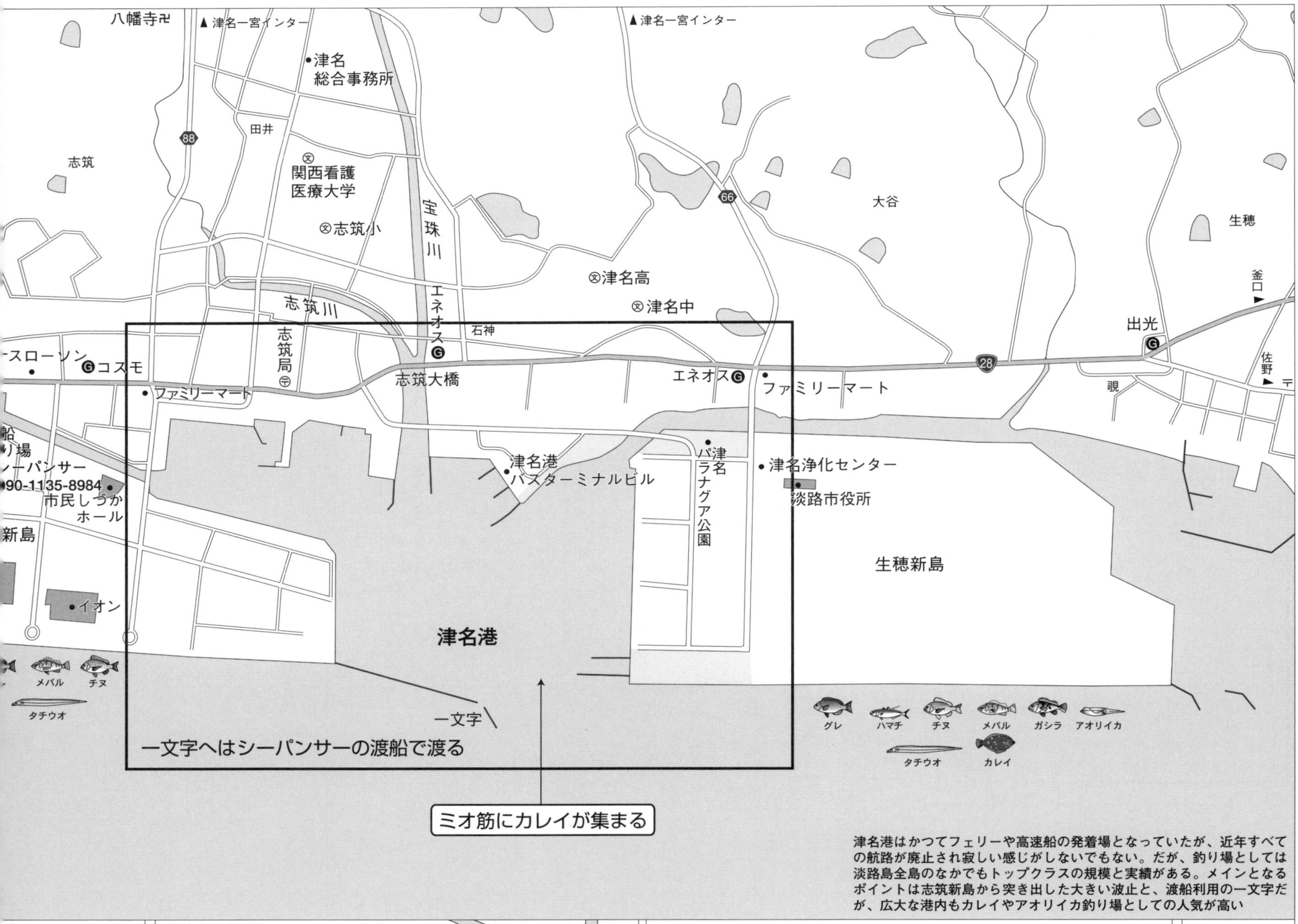

津名港はかつてフェリーや高速船の発着場となっていたが、近年すべての航路が廃止され寂しい感じがしないでもない。だが、釣り場としては淡路島全島のなかでもトップクラスの規模と実績がある。メインとなるポイントは志筑新島から突き出した大きい波止と、渡船利用の一文字だが、広大な港内もカレイやアオリイカ釣り場としての人気が高い

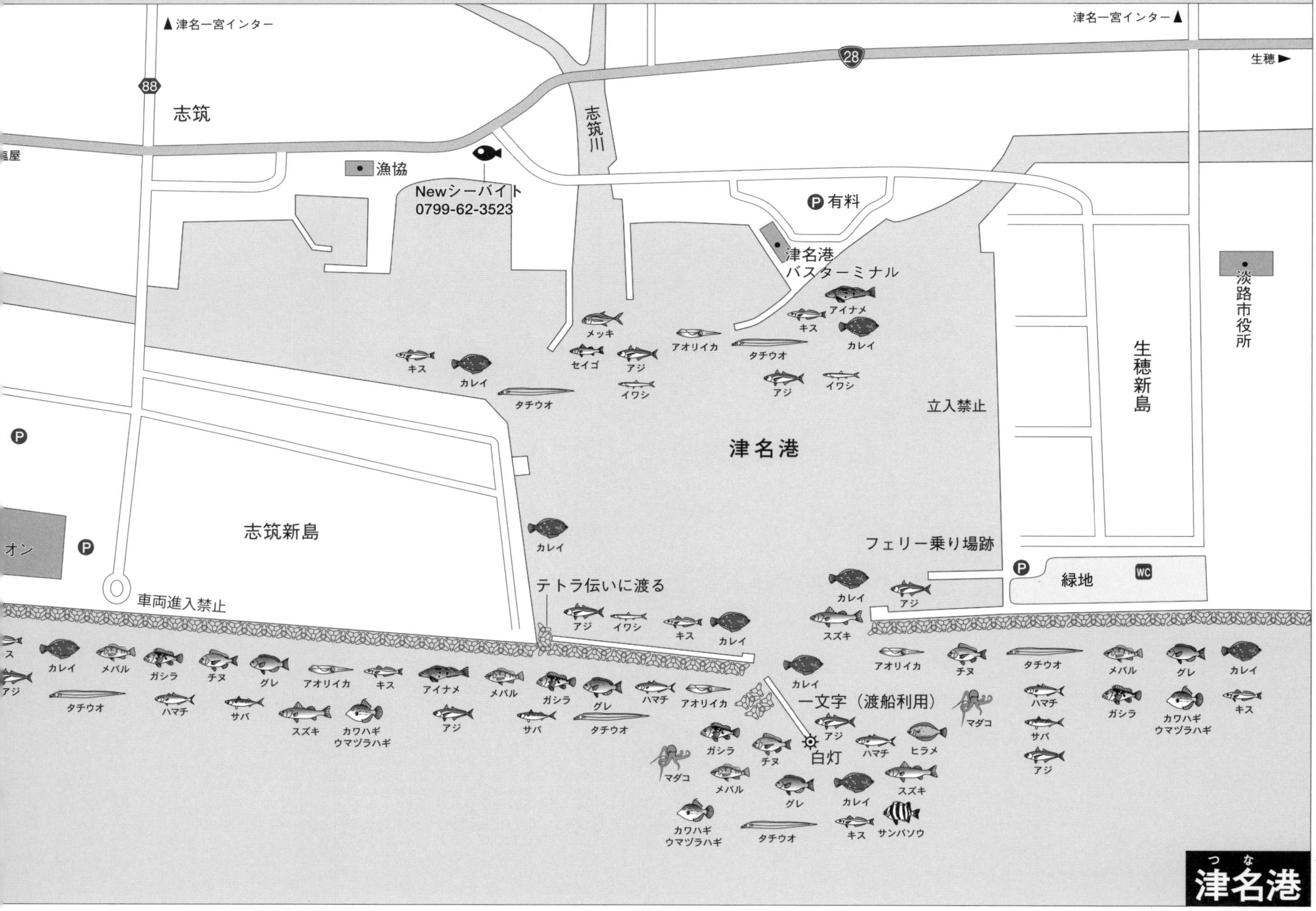

津名港《つな》

津名《つな》港～塩尾《しお》

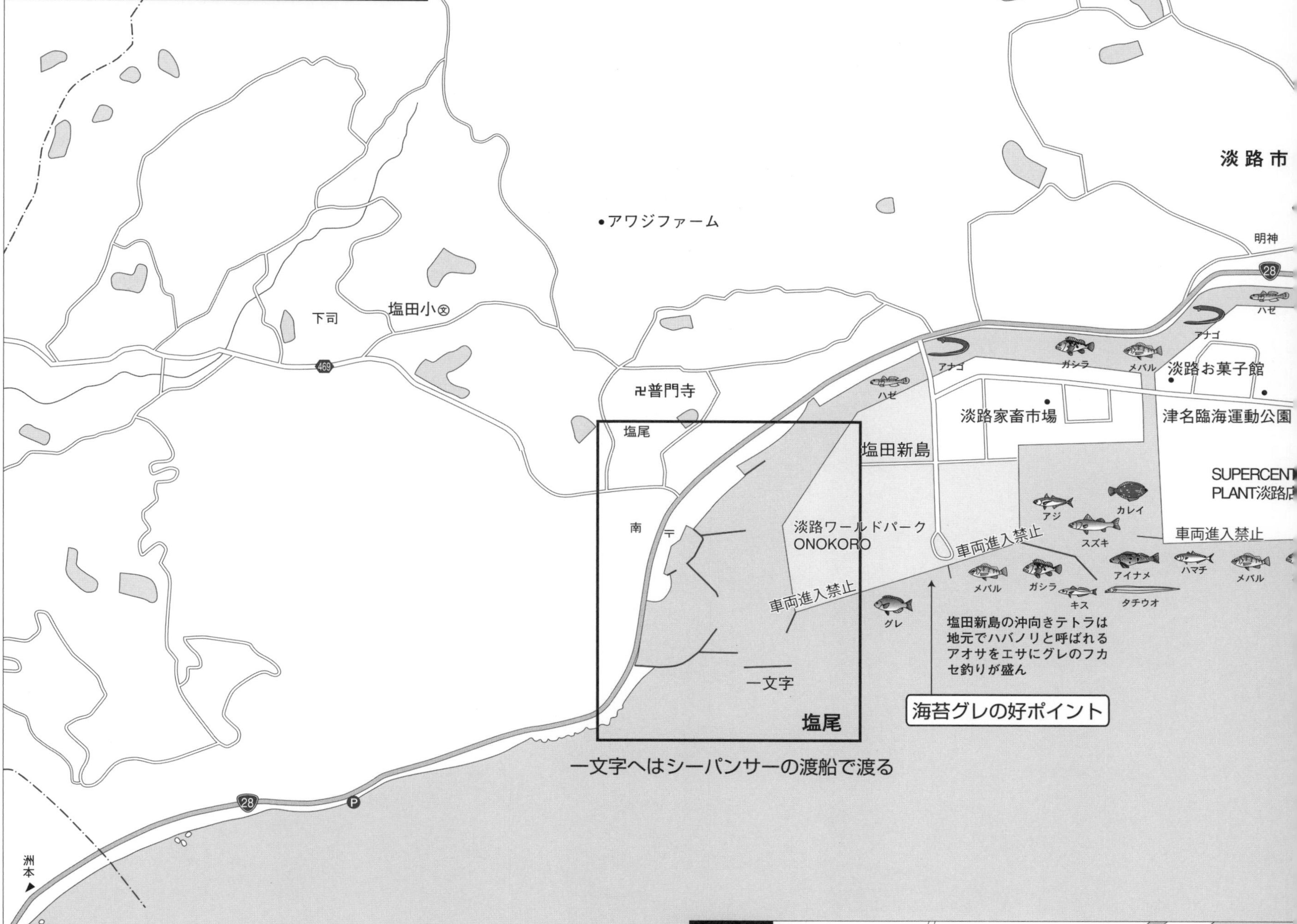

淡路市
明神
28
ハゼ
アナゴ
•アワジファーム
下司
塩田小
469
アナゴ
ガシラ
メバル
淡路お菓子館
卍普門寺
ハゼ
淡路家畜市場
津名臨海運動公園
塩尾
塩田新島
SUPERCENT
PLANT淡路店
アジ
カレイ
南
淡路ワールドパーク
ONOKORO
スズキ
車両進入禁止
車両進入禁止
アイナメ
ハマチ
メバル
メバル
ガシラ
キス
タチウオ
車両進入禁止
グレ
塩田新島の沖向きテトラは地元でハバノリと呼ばれるアオサをエサにグレのフカセ釣りが盛ん
一文字
海苔グレの好ポイント
塩尾
一文字へはシーパンサーの渡船で渡る
28
P
洲本

「しおお」と書いて「しお」と読む。釣りものは津名港方面とほとんど変わりはないが、漁協荷さばき場前は、マダコの好ポイントとして脚光をあびているところ。タコ餌木でねらう人も多い。漁港の大波止はアオリイカのエギングも盛ん。塩田新島との水道部は全域でアナゴ釣りOK。地元の人が夕食のおかず釣りにやってくる

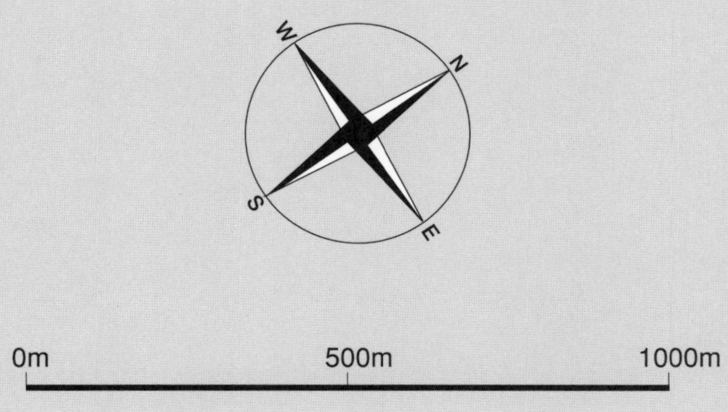

W
N
S
E
0m
500m
1000m

塩尾《しお》

津名
漁協
ハゼ
アナゴ
塩田漁協
荷さばき場
ハゼ
アナゴ
28
マダコ
メバル
淡路ワールドパーク
ONOKORO
ガシラ
船だまり
イワシ
アジ
ヘリポート
車両進
カレイ
ガシラ
イワシ
ハマチ
アジ
スズキ
アイナメ
スズキ
塩田漁港
大波止
メバル
グレ
アオリイカ
ヒラメ
マゴチ
白灯
ハマチ
アイナメ
一文字（津名港から渡船利用）
キス
カレイ
ヒラメ
マゴチ
メバル
ガシラ
キュウセン
テンコチ
アオリイカ
グレ
マダコ
チヌ
洲本
キス
カレイ
キュウセン
テンコチ

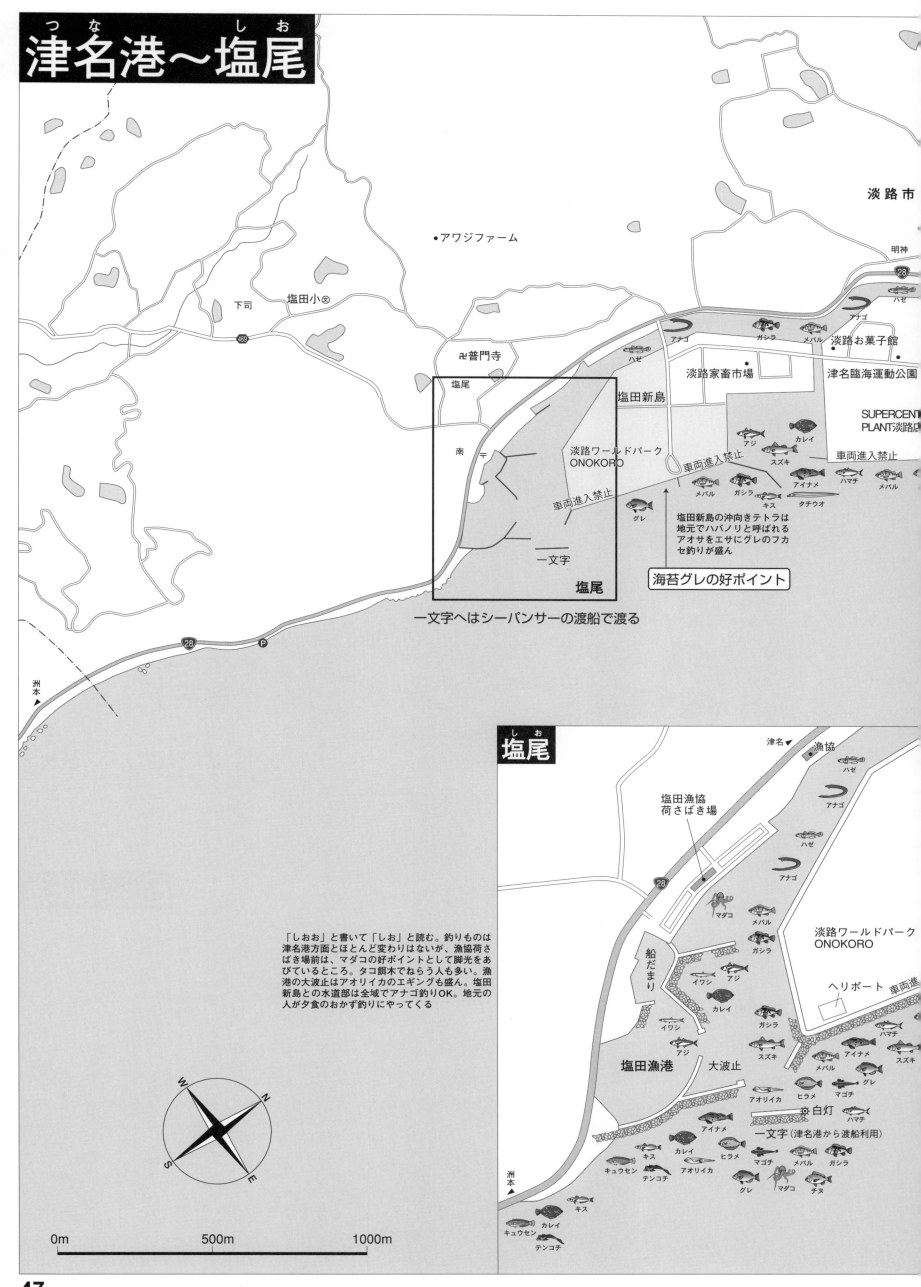

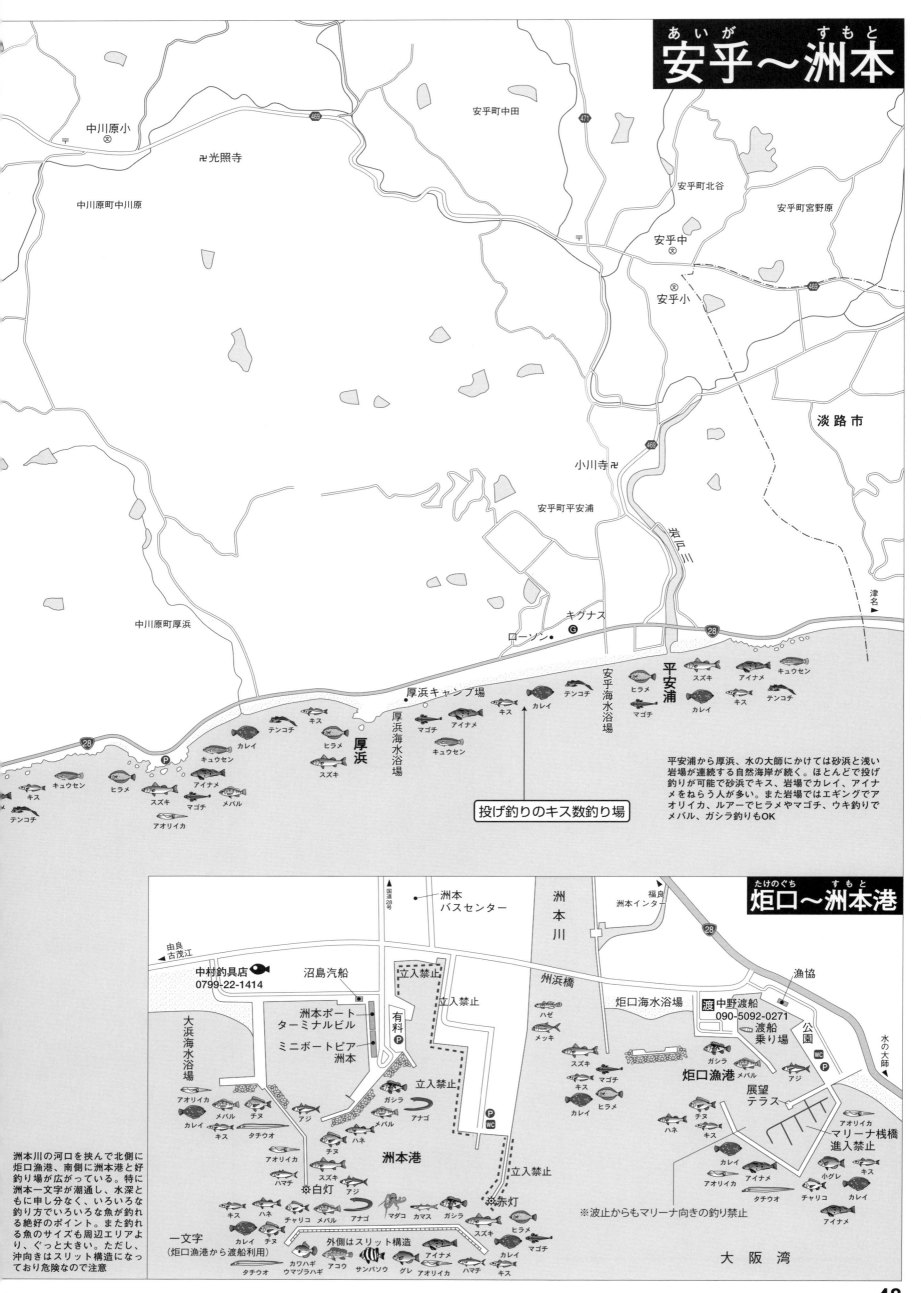

安乎《あいが》～洲本《すもと》

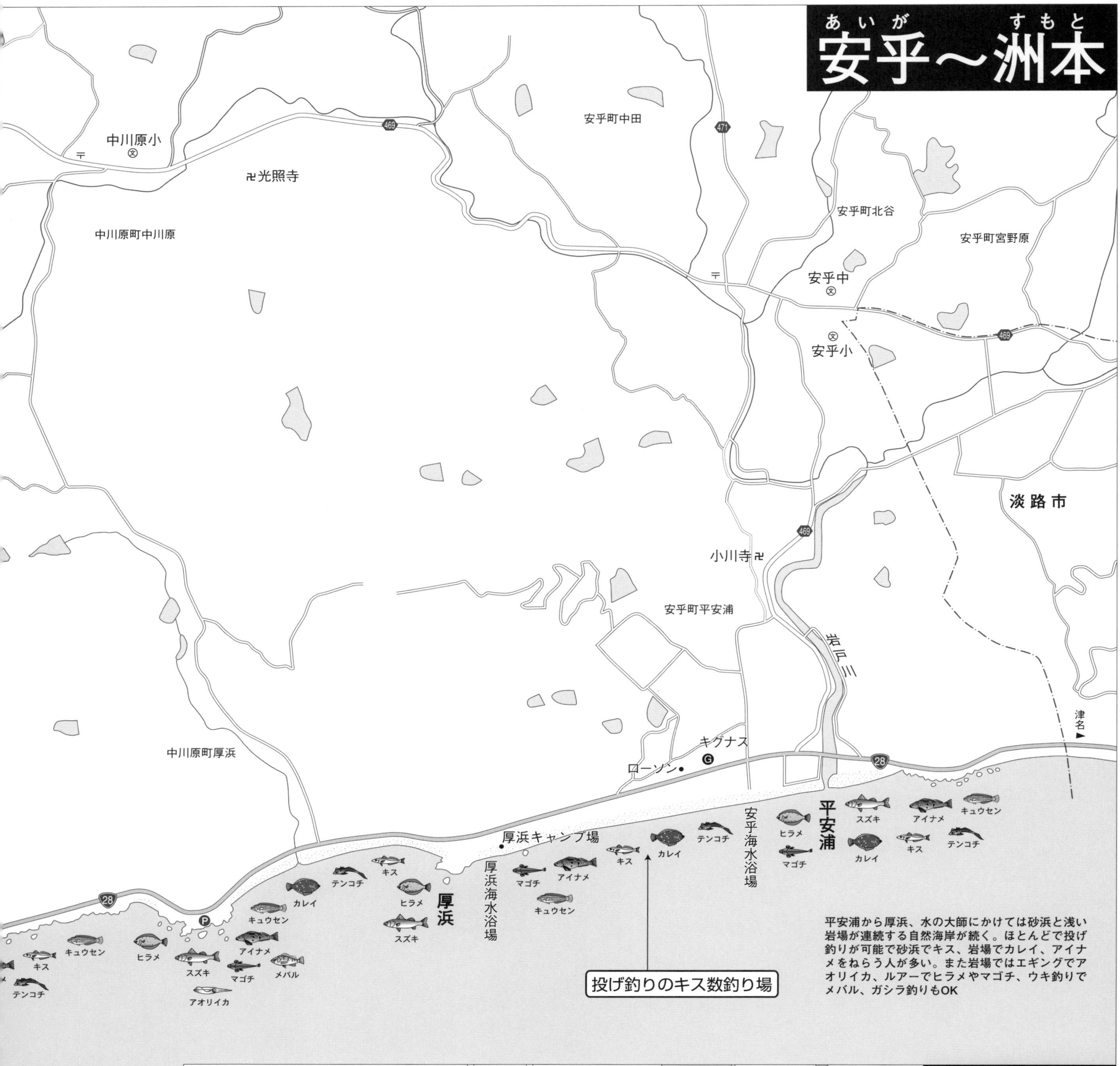
469
471
28
中川原小
光照寺
中川原町中川原
安乎町中田
安乎町北谷
安乎町宮野原
安乎中
安乎小
淡路市
小川寺
安乎町平安浦
岩戸川
津名
キグナス
ローソン
中川原町厚浜
厚浜キャンプ場
厚浜海水浴場
厚浜
安乎海水浴場
平安浦
スズキ
アイナメ
キュウセン
ヒラメ
カレイ
キス
テンコチ
マゴチ
メバル
アオリイカ
投げ釣りのキス数釣り場

平安浦から厚浜、水の大師にかけては砂浜と浅い岩場が連続する自然海岸が続く。ほとんどで投げ釣りが可能で砂浜でキス、岩場でカレイ、アイナメをねらう人が多い。また岩場ではエギングでアオリイカ、ルアーでヒラメやマゴチ、ウキ釣りでメバル、ガシラ釣りもOK

炬口《たけのぐち》～洲本《すもと》港

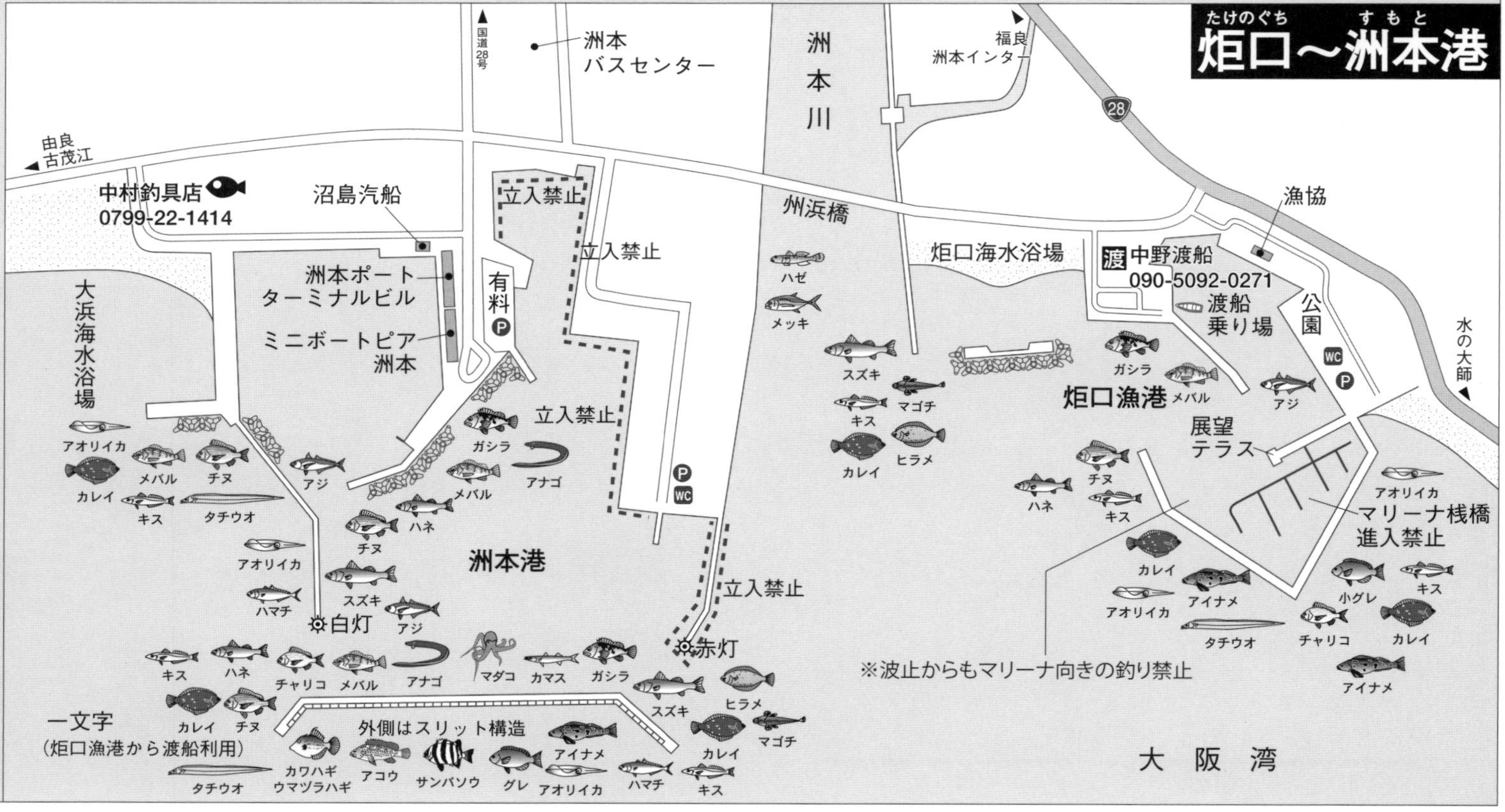
国道28号
洲本バスセンター
福良
洲本インター
28
由良
古茂江
中村釣具店
0799-22-1414
沼島汽船
立入禁止
洲本ポートターミナルビル
ミニボートピア洲本
有料
大浜海水浴場
洲本川
洲浜橋
炬口海水浴場
渡 中野渡船
090-5092-0271
渡船乗り場
漁協
公園
水の大師
炬口漁港
展望テラス
マリーナ桟橋進入禁止
洲本港
白灯
赤灯
※波止からもマリーナ向きの釣り禁止
一文字
（炬口漁港から渡船利用）
外側はスリット構造
大阪湾
ハゼ
メッキ
スズキ
マゴチ
キス
カレイ
ヒラメ
ガシラ
メバル
アジ
チヌ
ハネ
アオリイカ
タチウオ
アナゴ
ハマチ
チャリコ
マダコ
カマス
アイナメ
小グレ
カワハギ
ウマヅラハギ
アコウ
サンバソウ
グレ

洲本川の河口を挟んで北側に炬口漁港、南側に洲本港と好釣り場が広がっている。特に洲本一文字が潮通し、水深ともに申し分なく、いろいろな釣り方でいろいろな魚が釣れる絶好のポイント。また釣れる魚のサイズも周辺エリアより、ぐっと大きい。ただし、沖向きはスリット構造になっており危険なので注意

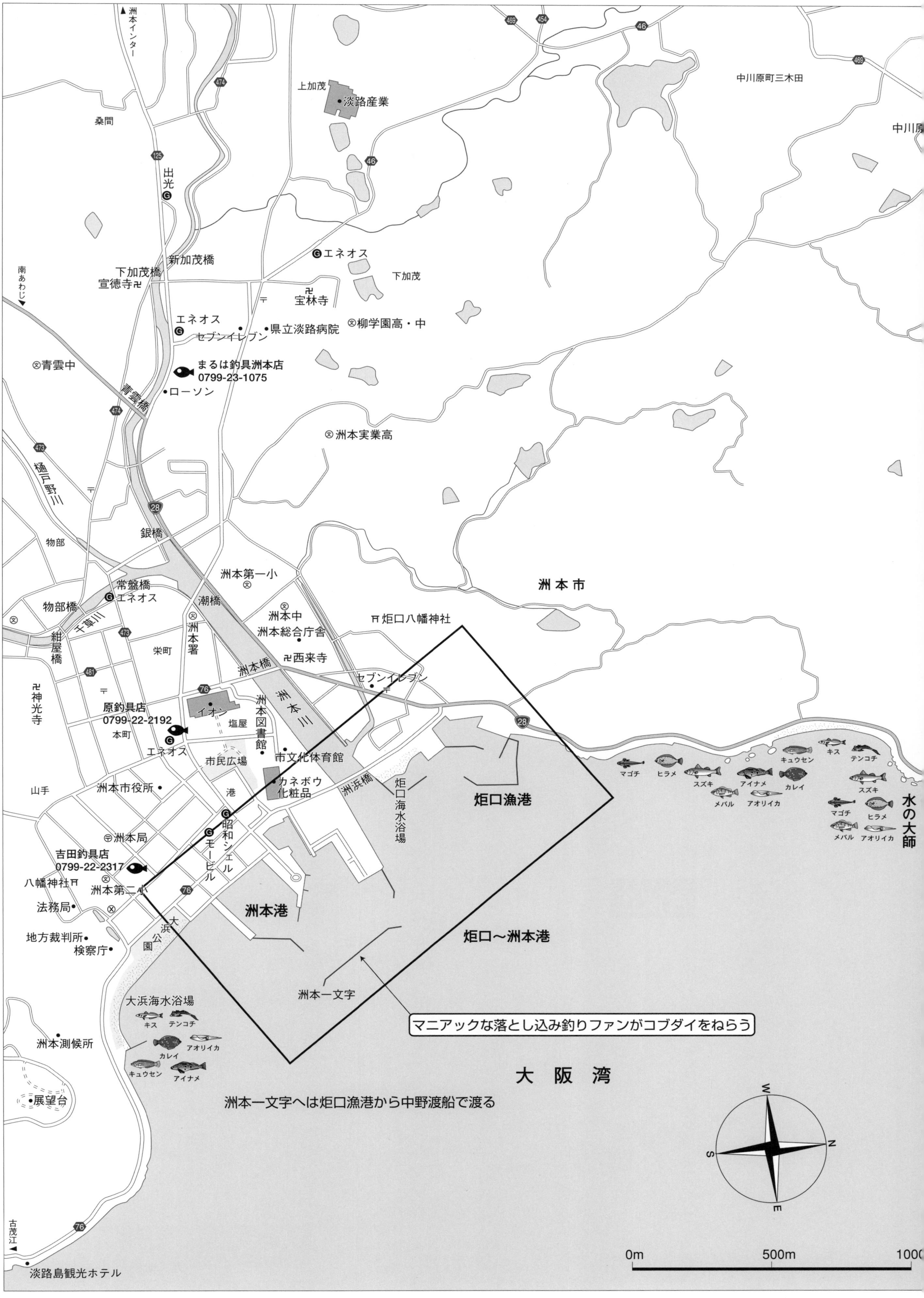
洲本インター
上加茂
淡路産業
中川原町三木田
中川原
桑間
出光
新加茂橋
エネオス
下加茂
下加茂橋
宣徳寺
宝林寺
南あわじ
エネオス
セブンイレブン
県立淡路病院
柳学園高・中
青雲中
まるは釣具洲本店
0799-23-1075
青雲橋
ローソン
洲本実業高
樋戸野川
銀橋
物部
洲本第一小
洲本市
常盤橋
エネオス
物部橋
潮橋
千草川
洲本中
炬口八幡神社
洲本署
洲本総合庁舎
紺屋橋
栄町
西来寺
洲本橋
神光寺
セブンイレブン
洲本川
原釣具店
0799-22-2192
イオン
洲本図書館
塩屋
本町
エネオス
市民広場
市文化体育館
カネボウ化粧品
洲浜橋
炬口海水浴場
炬口漁港
山手
洲本市役所
港
昭和シェル
モービル
洲本局
吉田釣具店
0799-22-2317
八幡神社
洲本第二小
法務局
洲本港
大浜公園
地方裁判所
検察庁
炬口～洲本港
洲本一文字
大浜海水浴場
キス
テンコチ
カレイ
アオリイカ
キュウセン
アイナメ
洲本測候所
マニアックな落とし込み釣りファンがコブダイをねらう
大阪湾
洲本一文字へは炬口漁港から中野渡船で渡る
展望台
マゴチ
ヒラメ
スズキ
アイナメ
メバル
アオリイカ
カレイ
キュウセン
キス
テンコチ
スズキ
マゴチ
ヒラメ
メバル
アオリイカ
水の大師
古茂江
淡路島観光ホテル
0m
500m
1000

古茂江《こもえ》〜由良《ゆら》

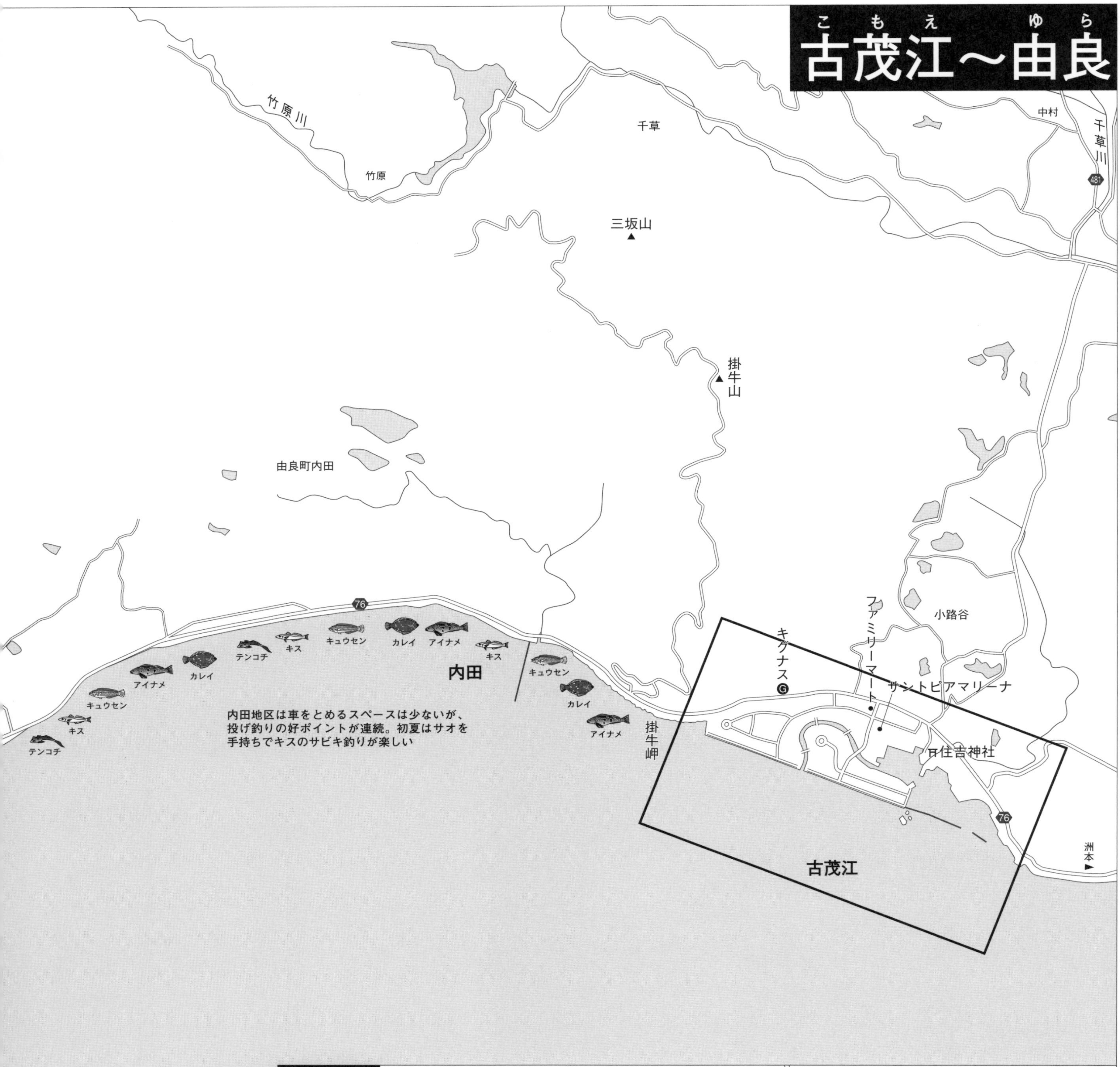

内田地区は車をとめるスペースは少ないが、投げ釣りの好ポイントが連続。初夏はサオを手持ちでキスのサビキ釣りが楽しい

古茂江《こもえ》

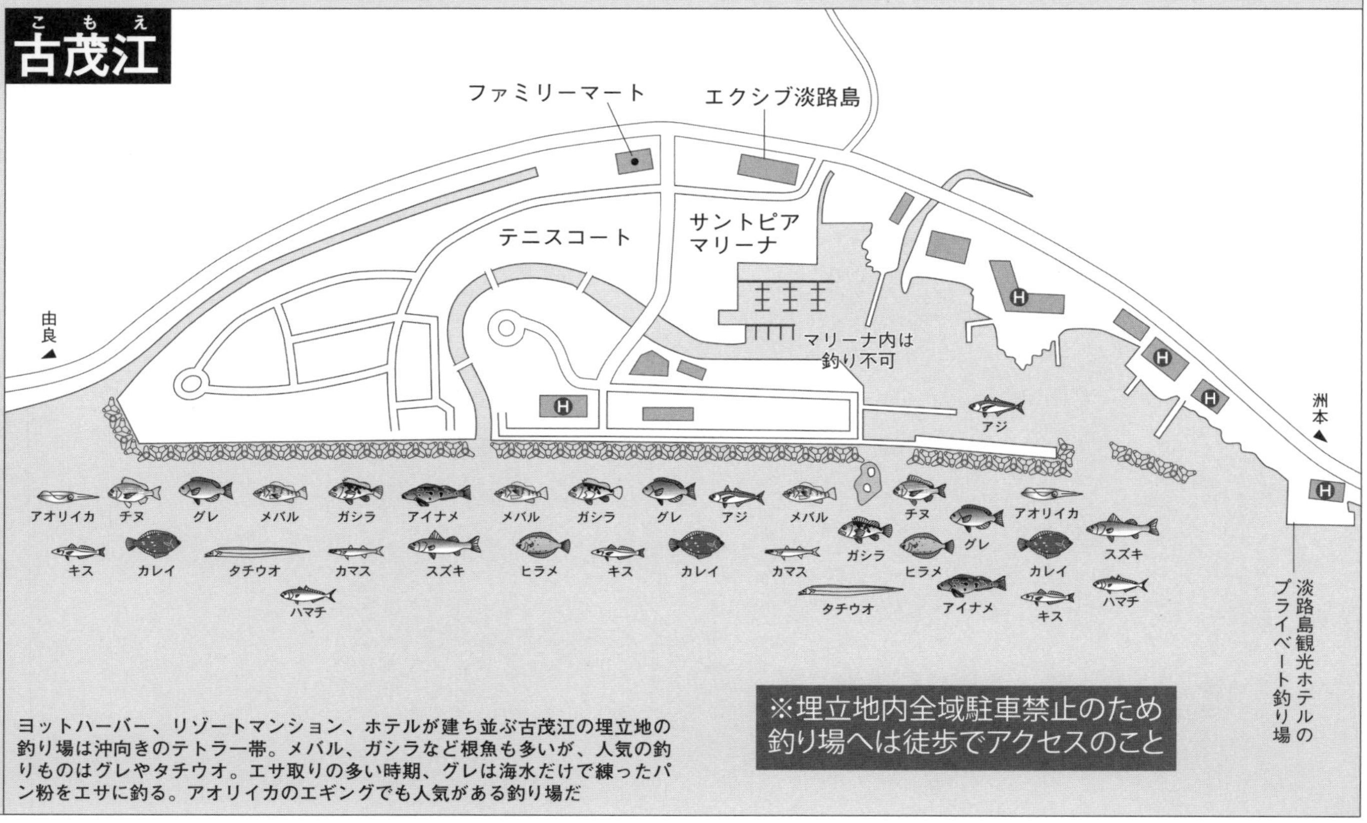

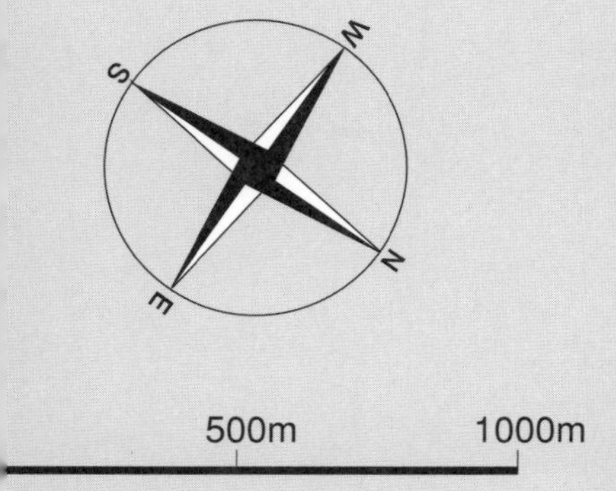

ヨットハーバー、リゾートマンション、ホテルが建ち並ぶ古茂江の埋立地の釣り場は沖向きのテトラ一帯。メバル、ガシラなど根魚も多いが、人気の釣りものはグレやタチウオ。エサ取りの多い時期、グレは海水だけで練ったパン粉をエサに釣る。アオリイカのエギングでも人気がある釣り場だ

※埋立地内全域駐車禁止のため
釣り場へは徒歩でアクセスのこと

由良湾の南側の出口は今川口と呼ばれている。新川口と違って護岸や波止がない自然海岸。ここで有名なのはルアーのシーバス。晩秋から1月ごろがベストシーズン。ほかアオリイカのエギング、投げ釣りのカレイ、キス、マダイなどもよく釣れる

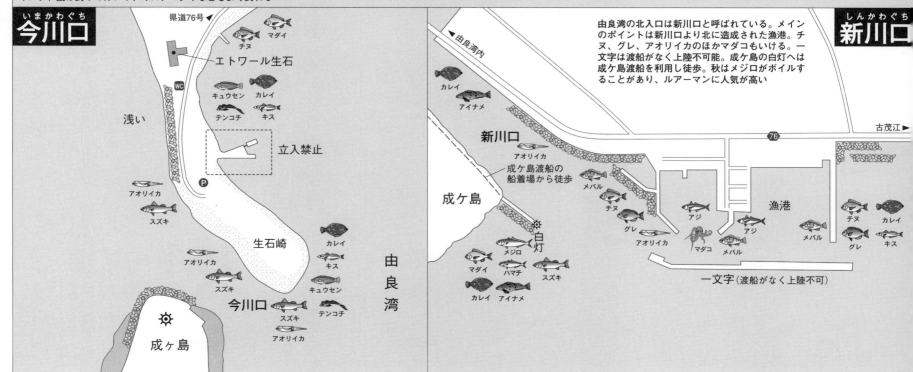

今川口《いまかわぐち》

新川口《しんかわぐち》

由良湾の北入口は新川口と呼ばれている。メインのポイントは新川口より北に造成された漁港。チヌ、グレ、アオリイカのほかマダコもいける。一文字は渡船がなく上陸不可能。成ケ島の白灯へは成ケ島渡船を利用し徒歩。秋はメジロがボイルすることがあり、ルアーマンに人気が高い

灘《なだ》海岸・沼島《ぬしま》

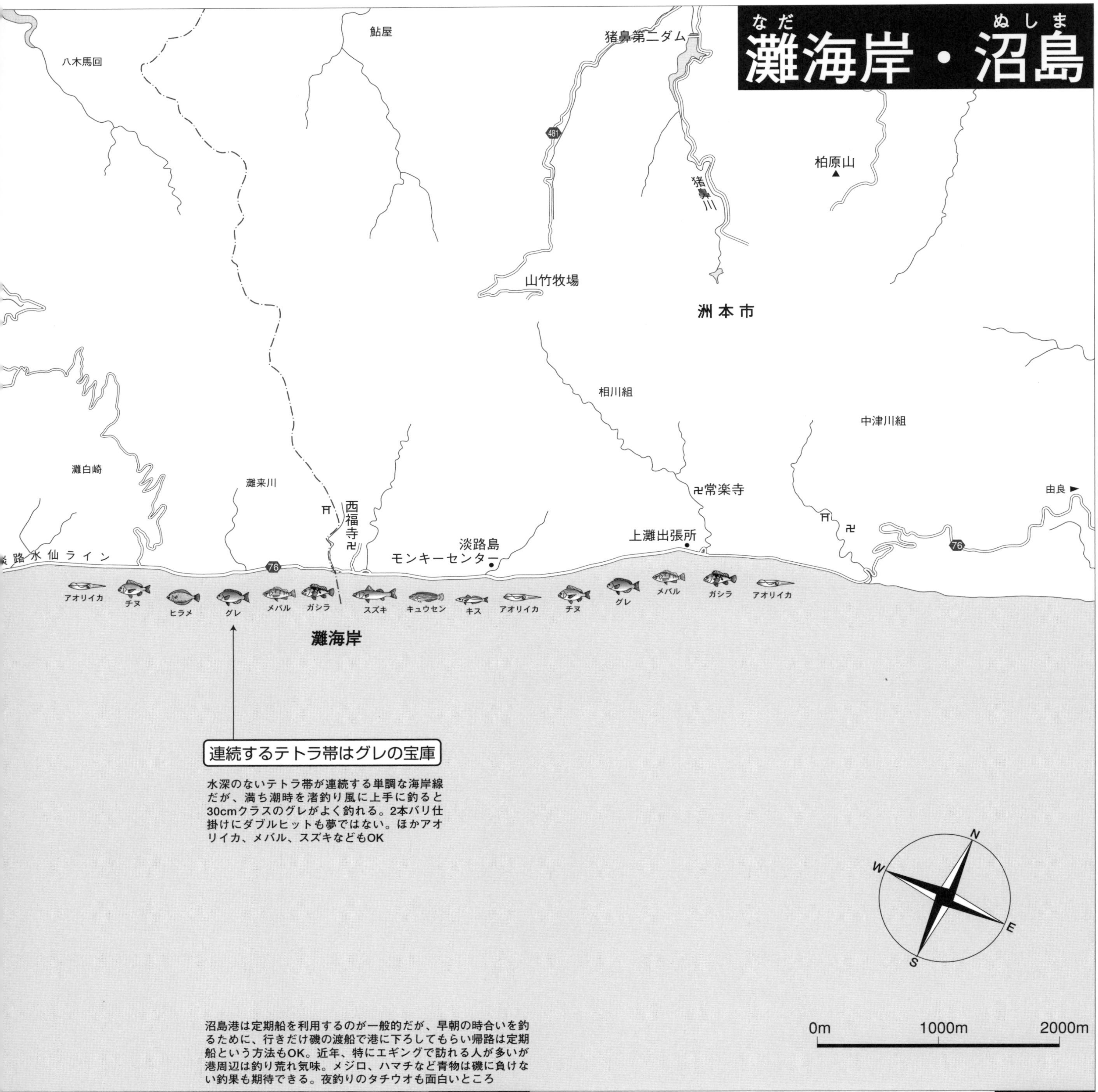
八木馬回
鮎屋
猪鼻第二ダム
481
柏原山
猪鼻川
山竹牧場
洲本市
相川組
中津川組
灘白崎
灘来川
西福寺
卍常楽寺
由良
上灘出張所
淡路島
モンキーセンター
路水仙ライン
76
アオリイカ
チヌ
ヒラメ
グレ
メバル
ガシラ
スズキ
キュウセン
キス
アオリイカ
チヌ
グレ
メバル
ガシラ
アオリイカ
灘海岸
N
W
E
S
0m
1000m
2000m

連続するテトラ帯はグレの宝庫

水深のないテトラ帯が連続する単調な海岸線だが、満ち潮時を渚釣り風に上手に釣ると30cmクラスのグレがよく釣れる。2本バリ仕掛けにダブルヒットも夢ではない。ほかアオリイカ、メバル、スズキなどもOK

沼島港は定期船を利用するのが一般的だが、早朝の時合いを釣るために、行きだけ磯の渡船で港に下ろしてもらい帰路は定期船という方法もOK。近年、特にエギングで訪れる人が多いが港周辺は釣り荒れ気味。メジロ、ハマチなど青物は磯に負けない釣果も期待できる。夜釣りのタチウオも面白いところ

沼島《ぬしま》港

浴場の波止
▲土生港
沼島汽船
一文字
沼島ターミナル
センター
石積み
メジロ
アオリイカ
ハマチ
キス
マダコ
スズキ
カマス
メバル
グレ
チヌ
カレイ
アジ
赤灯
タチウオ
メジロ
ハマチ
メバル
海水浴場
新波止
アオリイカ
赤灯
ガシラ
アジ
YMCA
WC
沼島港
泊漁港
泊新波止
（磯釣りの渡船利用）
沼　島
渡 川口渡船
080-6156-9220

土生《はぶ》港

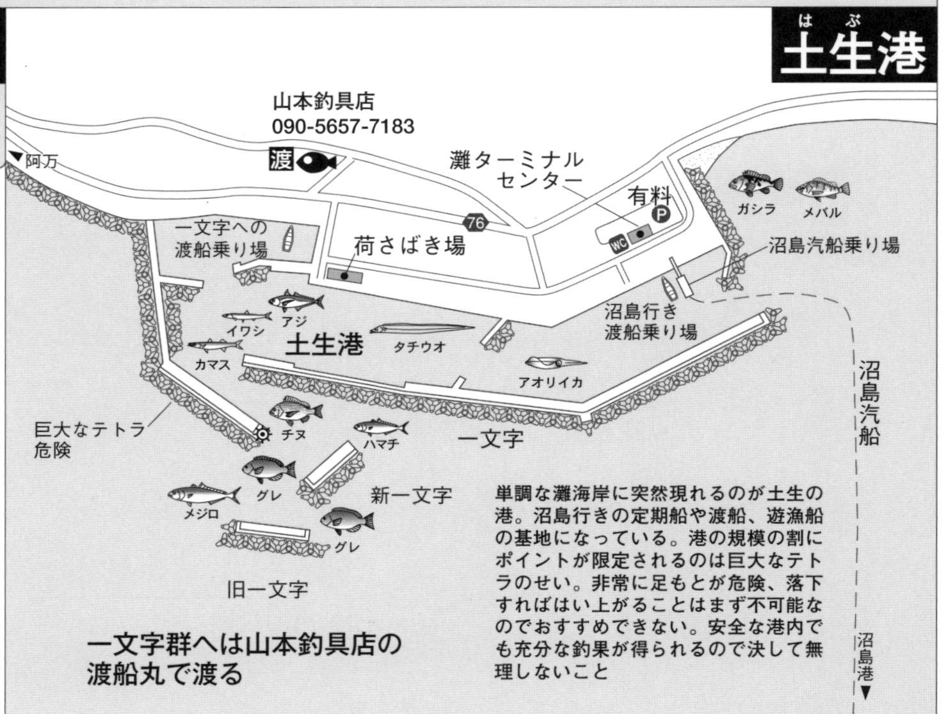
山本釣具店
090-5657-7183
渡
◀阿万
灘ターミナル
センター
76
有料
P
WC
一文字への
渡船乗り場
荷さばき場
ガシラ
メバル
沼島汽船乗り場
沼島行き
渡船乗り場
アジ
イワシ
土生港
タチウオ
カマス
アオリイカ
巨大なテトラ
危険
チヌ
ハマチ
一文字
沼島汽船
メジロ
グレ
新一文字
グレ
旧一文字
沼島港▼

一文字群へは山本釣具店の渡船丸で渡る

単調な灘海岸に突然現れるのが土生の港。沼島行きの定期船や渡船、遊漁船の基地になっている。港の規模の割にポイントが限定されるのは巨大なテトラのせい。非常に足もとが危険、落下すればはい上がることはまず不可能なのでおすすめできない。安全な港内でも充分な釣果が得られるので決して無理しないこと

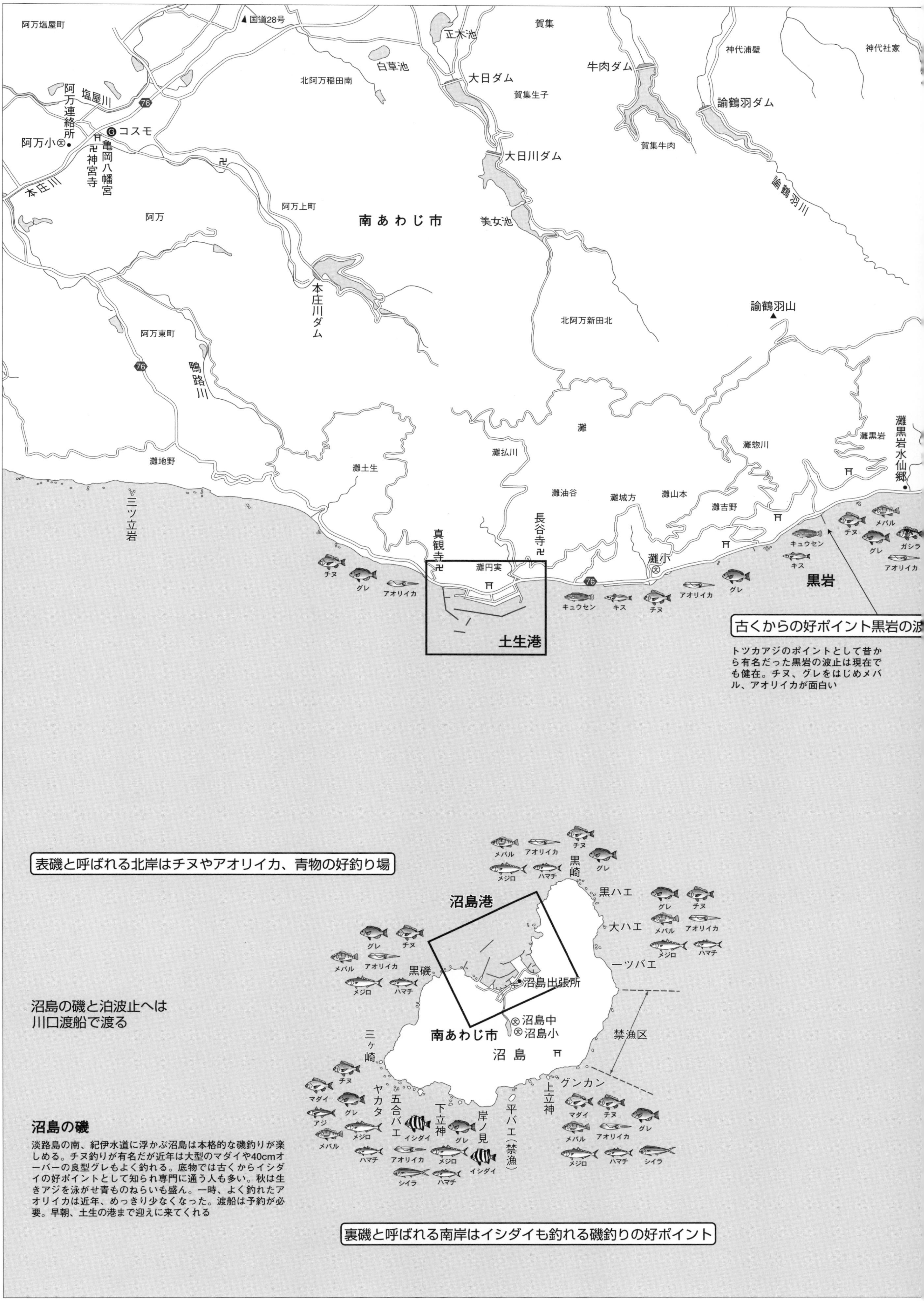
阿万塩屋町
国道28号
賀集
正木池
白草池
大日ダム
牛肉ダム
神代浦壁
神代社家
北阿万稲田南
賀集生子
諭鶴羽ダム
阿万連絡所
塩屋川
76
コスモ
阿万小
亀岡八幡宮
神宮寺
大日川ダム
賀集牛肉
本庄川
諭鶴羽川
阿万上町
阿万
南あわじ市
美女池
本庄川ダム
諭鶴羽山
阿万東町
北阿万新田北
76
鴨路川
灘
灘黒岩
灘黒岩水仙郷
灘惣川
灘払川
灘地野
灘土生
灘油谷
灘城方
灘山本
灘吉野
三ツ立岩
真観寺
長谷寺
灘円実
灘小
76
チヌ
グレ
アオリイカ
キュウセン
キス
チヌ
アオリイカ
グレ
キュウセン
キス
チヌ
グレ
メバル
ガシラ
アオリイカ
黒岩
土生港
メバル
アオリイカ
チヌ
グレ
メジロ
ハマチ
黒崎
黒ハエ
グレ
チヌ
沼島港
大ハエ
メバル
アオリイカ
メジロ
ハマチ
グレ
チヌ
メバル
アオリイカ
黒磯
メジロ
ハマチ
一ツバエ
沼島出張所
沼島中
沼島小
南あわじ市
禁漁区
三ケ崎
沼島
チヌ
マダイ
グレ
アジ
メジロ
メバル
ハマチ
ヤカタ
五合バエ
イシダイ
アオリイカ
シイラ
下立神
グレ
メジロ
ハマチ
岸ノ見
イシダイ
平バエ（禁漁）
グンカン
上立神
マダイ
チヌ
グレ
メバル
アオリイカ
メジロ
ハマチ
シイラ

古くからの好ポイント黒岩の波

トツカアジのポイントとして昔から有名だった黒岩の波止は現在でも健在。チヌ、グレをはじめメバル、アオリイカが面白い

表磯と呼ばれる北岸はチヌやアオリイカ、青物の好釣り場

沼島の磯と泊波止へは川口渡船で渡る

沼島の磯

淡路島の南、紀伊水道に浮かぶ沼島は本格的な磯釣りが楽しめる。チヌ釣りが有名だが近年は大型のマダイや40cmオーバーの良型グレもよく釣れる。底物では古くからイシダイの好ポイントとして知られ専門に通う人も多い。秋は生きアジを泳がせ青ものねらいも盛ん。一時、よく釣れたアオリイカは近年、めっきり少なくなった。渡船は予約が必要。早朝、土生の港まで迎えに来てくれる

裏磯と呼ばれる南岸はイシダイも釣れる磯釣りの好ポイント

仁頃《にごろ》～福良《ふくら》湾

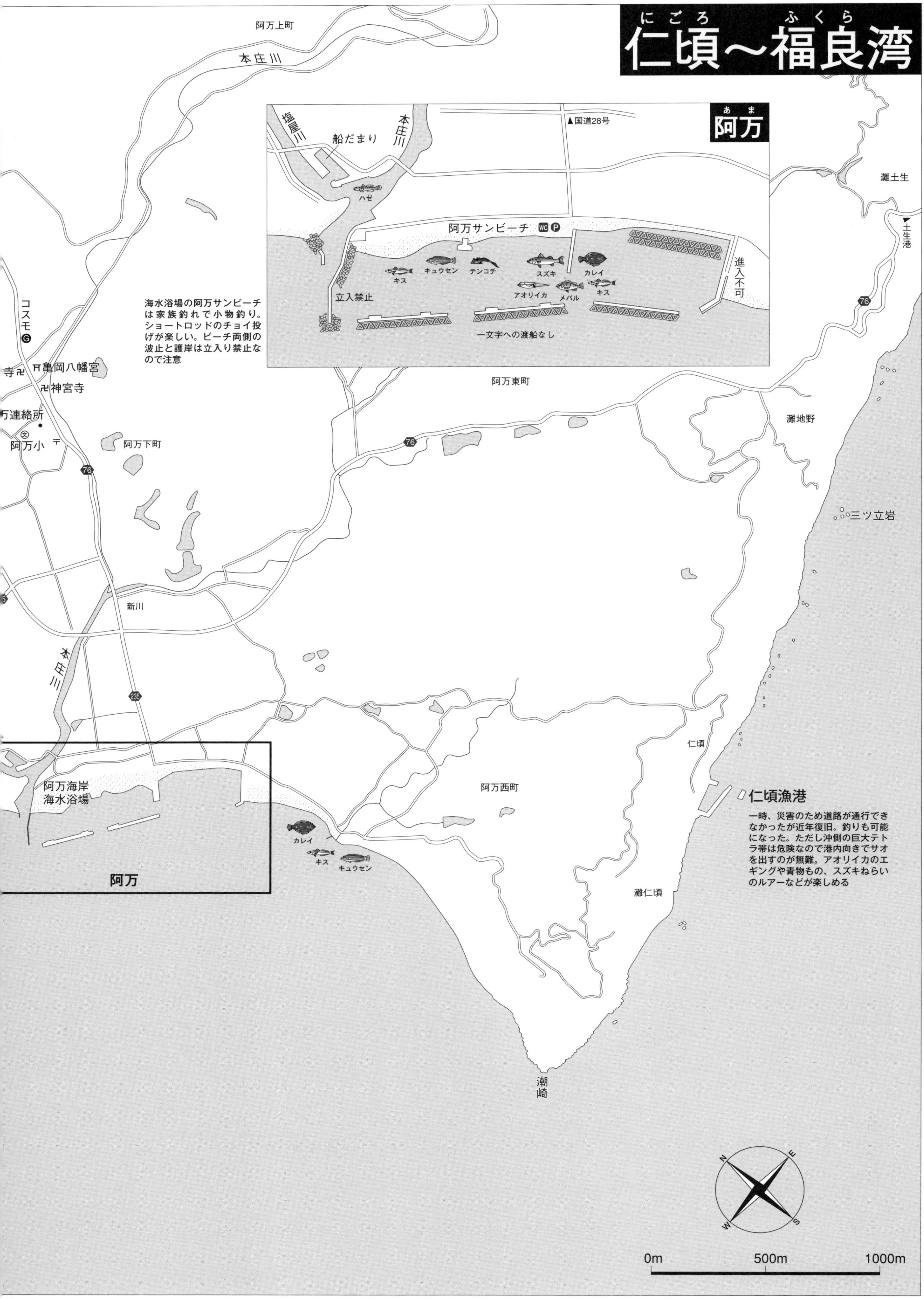

阿万《あま》
国道28号
船だまり
塩屋川
本庄川
ハゼ
阿万サンビーチ
キス
キュウセン
テンコチ
スズキ
カレイ
アオリイカ
メバル
キス
進入不可
立入禁止
一文字への渡船なし
海水浴場の阿万サンビーチは家族釣れで小物釣り。ショートロッドのチョイ投げが楽しい。ビーチ両側の波止と護岸は立入り禁止なので注意
阿万上町
本庄川
灘土生
土生港
コスモ
亀岡八幡宮
寺
神宮寺
万連絡所
阿万小
阿万下町
阿万東町
灘地野
三ツ立岩
76
新川
本庄川
235
仁頃
阿万西町
阿万海岸
海水浴場
カレイ
キス
キュウセン
阿万
仁頃漁港
一時、災害のため道路が通行できなかったが近年復旧。釣りも可能になった。ただし沖側の巨大テトラ帯は危険なので港内向きでサオを出すのが無難。アオリイカのエギングや青物もの、スズキねらいのルアーなどが楽しめる
灘仁頃
潮崎
N
E
W
S
0m
500m
1000m

エネオス
洲本
南淡中
潮美台
北阿万筒井
西淡三原インター
国道28号
北阿万伊賀野
南淡庁舎
福良
ローソン
うずしおドーム
なないろ館
福良大橋
南あわじ市文化体育館
（元気の森ホール）
リフレッシュ交流ハウス
ユープル
向谷
慈眼寺
福良小
福良湾
南あわじ市
洲崎
煙島
仁尾
キス
チャリコ
チヌ
海上釣り堀
淡路じゃのひれ
オートキャンプ場
阿万塩屋町
塩屋町
アオリイカ
アジ
キス
カレイ
アイナメ
ガシラ
メバル
カレイ
マダイ
門崎
若人の広場
大見山
吹上町
田尻
国立淡路青少年交
海釣り公園メガフロート
（南あわじ市浮体式多目的公園）
阿万吹上町
大園島
スズキ
キス
吹上浜
カレイ
スズキ
ハマチ
吹上浜キャンプ場
マゴチ
メジロ
チヌ
吹上浜
キス
マダイ
カレイ
押登岬
チヌ
カレイ
キス
キュウセン
マダイ
アイナメ
アオリイカ
スズキ

●海釣り公園メガフロート
（南あわじ市浮体式多目的公園）
0799-55-0400
料金：大人（16歳以上）4時間1400円、1日2100円、
小人（5〜15歳）4時間700円、1日1050円
釣りをせず入園のみは大人210円、小人100円
営業時間：1〜3月が7〜17時、4〜6月が6〜18時、
7〜9月が6〜19時、10〜12月が7〜18時
毎週火曜休園（祝日と重なった場合は翌日が休園）
12月29日〜1月3日は休園
台風など天候の悪い日、波浪警報発令時は休園

メガフロートは海上に浮かぶ釣り公園で、鳴門海峡に近いため潮流は速く水深も深いところで40mと船釣りなみの魚種とサイズのよい魚が釣れる。マダイのカゴ釣りなどはポイントが限られるため場所取りが激しいが、ファミリーでのんびり楽しむなら心配はいらない

海釣り公園メガフロート

チヌ
グレ
メバル
ガシラ
アジ
アオリイカ
タチウオ
ハマチ
メジロ
ヒラメ
マダイ
カレイ
アイナメ
キス
マダコ
※施設内は全面禁煙
60m
230m
売店
桟橋
通路
水深15m
休憩所
101m
手すり
水深
30〜40m
係留支柱
水深30m
管理棟
福良

夜の投げ釣りで良型のキスやチヌ、マダイが釣れる

吹上浜は投げ釣りとソルトウオータールアーが面白い。投げは日中がキスやカレイ、キュウセン、夜はチヌやマダイ、スズキの良型が釣れる。ルアーはシーバスや青物、ヒラメ、マゴチがターゲット

門崎《とさき》～丸山《まるやま》

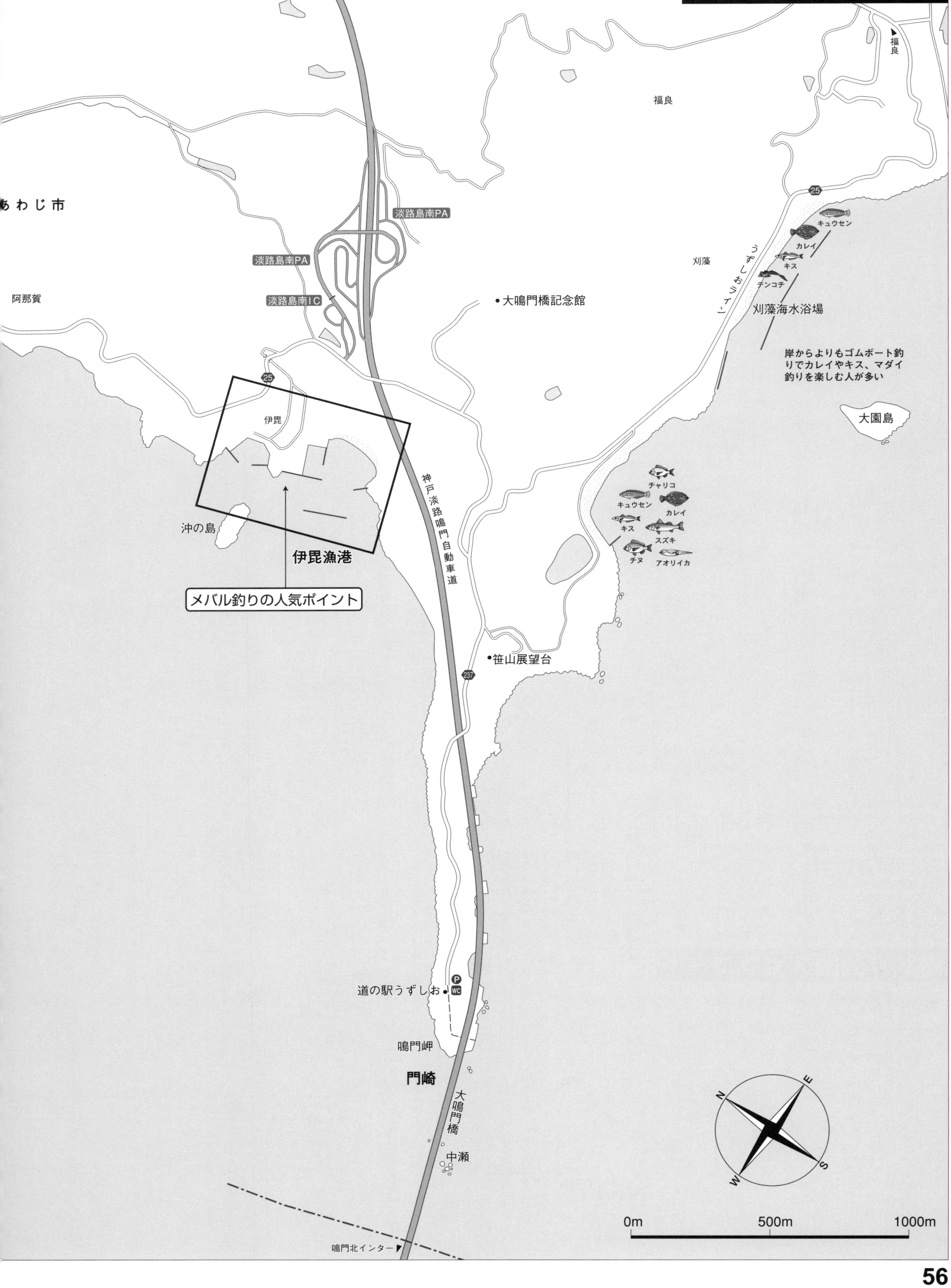

西淡三原インター
福良
福良
あわじ市
25
淡路島南PA
淡路島南PA
淡路島南IC
阿那賀
大鳴門橋記念館
刈藻
うずしおライン
キュウセン
カレイ
キス
テンコチ
刈藻海水浴場
岸からよりもゴムボート釣りでカレイやキス、マダイ釣りを楽しむ人が多い
大園島
25
伊毘
沖の島
伊毘漁港
メバル釣りの人気ポイント
神戸淡路鳴門自動車道
チャリコ
キュウセン
カレイ
キス
スズキ
チヌ
アオリイカ
笹山展望台
237
道の駅うずしお
鳴門岬
門崎
大鳴門橋
中瀬
鳴門北インター
N
E
S
W
0m
500m
1000m

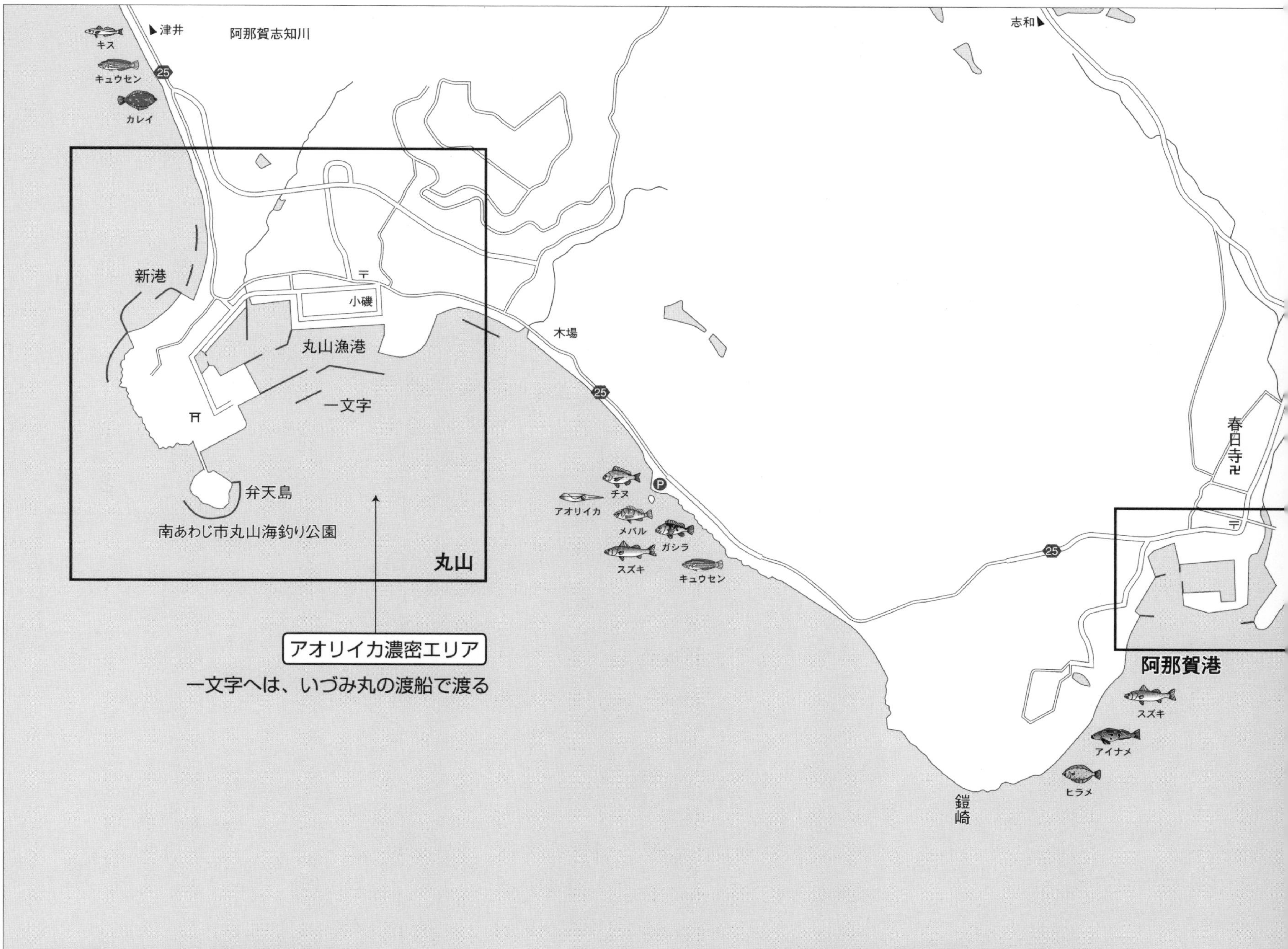
▲津井
阿那賀志知川
志和▲
キス
キュウセン
カレイ
25
新港
〒
小磯
丸山漁港
一文字
⛩
弁天島
南あわじ市丸山海釣り公園
丸山
木場
25
春日寺卍
P
チヌ
アオリイカ
メバル
ガシラ
スズキ
キュウセン
〒
25
アオリイカ濃密エリア
一文字へは、いづみ丸の渡船で渡る
阿那賀港
スズキ
アイナメ
ヒラメ
鎧崎

丸山は釣り公園のほか、2本の一文字、北側にできた新港など釣り場は非常に広い。ただし以前はエギングやメバリングの好ポイントだった海の展望広場の護岸全体が釣り禁止になったので注意

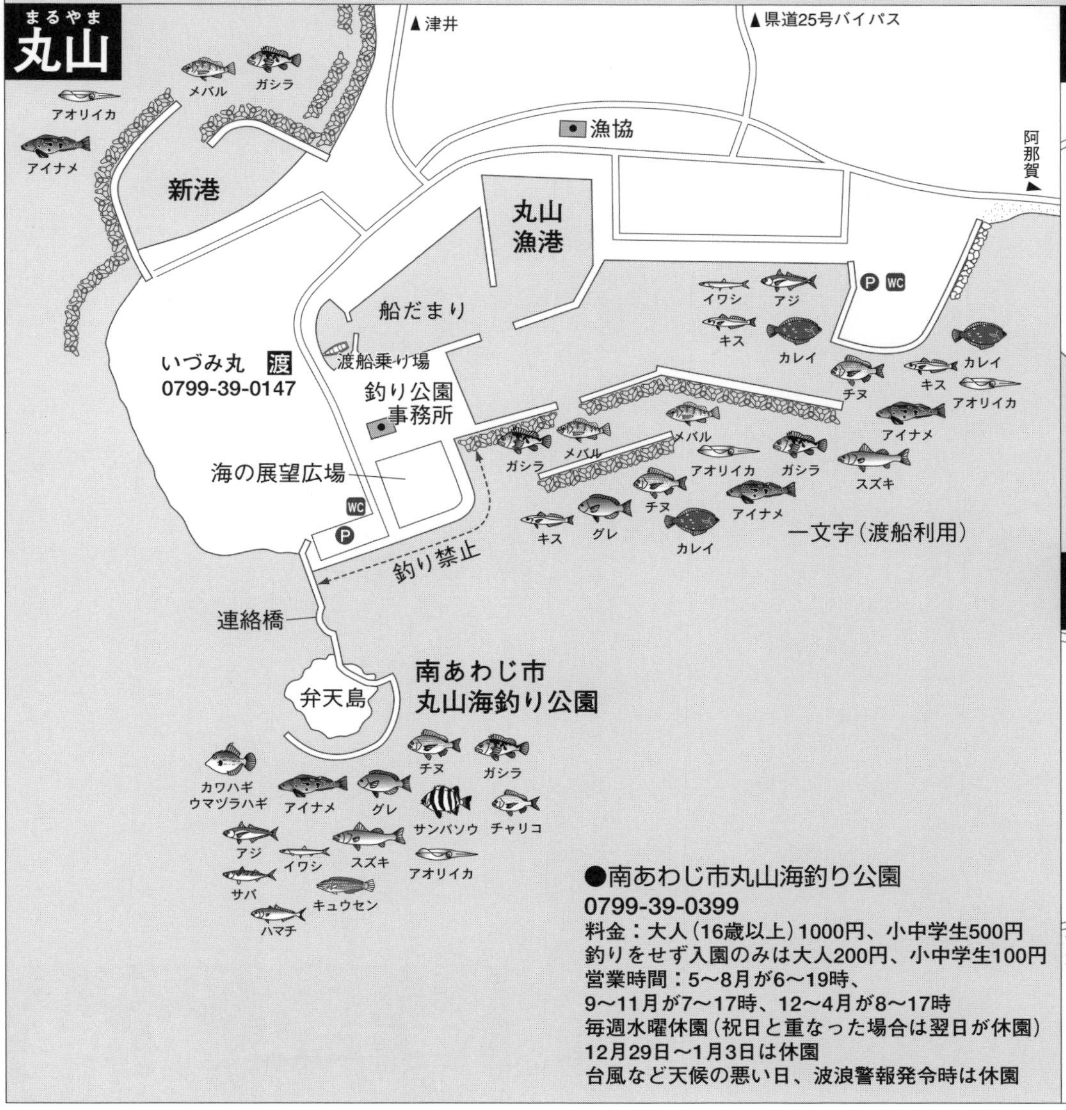
丸山《まるやま》
▲津井
▲県道25号バイパス
メバル
ガシラ
アオリイカ
アイナメ
新港
漁協
阿那賀▶
丸山漁港
P WC
イワシ
アジ
キス
カレイ
船だまり
いづみ丸 渡
0799-39-0147
渡船乗り場
釣り公園事務所
カレイ
チヌ
キス
アオリイカ
アイナメ
ガシラ
メバル
メバル
アオリイカ
ガシラ
スズキ
海の展望広場
WC
P
キス
グレ
チヌ
アイナメ
カレイ
一文字（渡船利用）
釣り禁止
連絡橋
弁天島
南あわじ市
丸山海釣り公園
カワハギ
ウマヅラハギ
アイナメ
グレ
チヌ
ガシラ
サンバソウ
チャリコ
アジ
イワシ
スズキ
アオリイカ
サバ
キュウセン
ハマチ

●南あわじ市丸山海釣り公園
0799-39-0399
料金：大人（16歳以上）1000円、小中学生500円
釣りをせず入園のみは大人200円、小中学生100円
営業時間：5～8月が6～19時、
9～11月が7～17時、12～4月が8～17時
毎週水曜休園（祝日と重なった場合は翌日が休園）
12月29日～1月3日は休園
台風など天候の悪い日、波浪警報発令時は休園

伊毘漁港、阿那賀港とも鳴門海峡から近く潮の通りがよいため、多彩な魚種がサオを曲げてくれる。特に近年はエギングやメバリングで訪れるアングラーが多いが、投げ釣りのカレイねらいも面白い

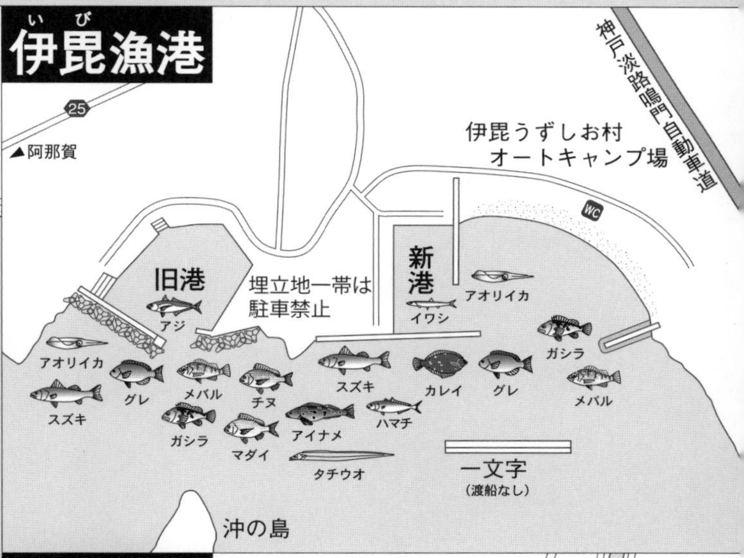
伊毘漁港《いび》
神戸淡路鳴門自動車道
25
▲阿那賀
伊毘うずしお村
オートキャンプ場
WC
旧港
埋立地一帯は
駐車禁止
新港
アジ
イワシ
アオリイカ
アオリイカ
スズキ
グレ
メバル
チヌ
スズキ
カレイ
グレ
ガシラ
メバル
ガシラ
マダイ
アイナメ
ハマチ
タチウオ
一文字
（渡船なし）
沖の島

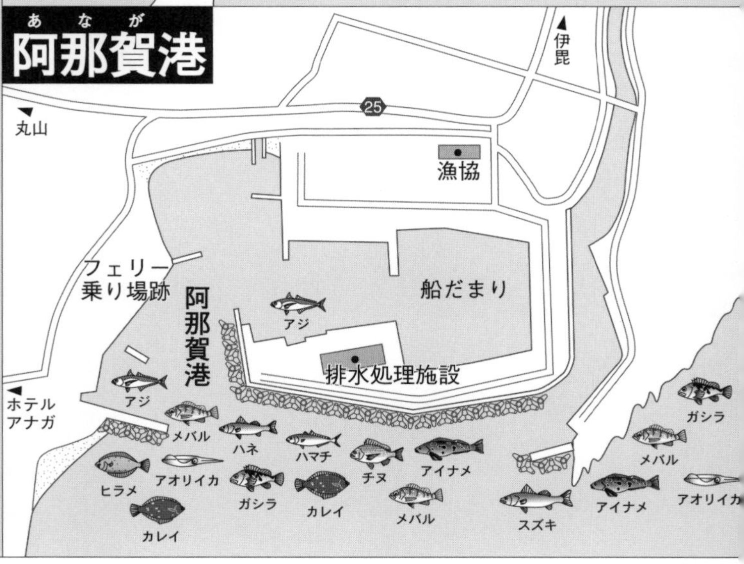
阿那賀港《あなが》
▲伊毘
◀丸山
25
漁協
船だまり
フェリー
乗り場跡
阿那賀港
アジ
排水処理施設
◀ホテルアナガ
アジ
メバル
ハネ
ハマチ
チヌ
アイナメ
ガシラ
メバル
アオリイカ
ヒラメ
アオリイカ
ガシラ
カレイ
メバル
スズキ
アイナメ
カレイ

津井《つい》～船瀬《ふなせ》

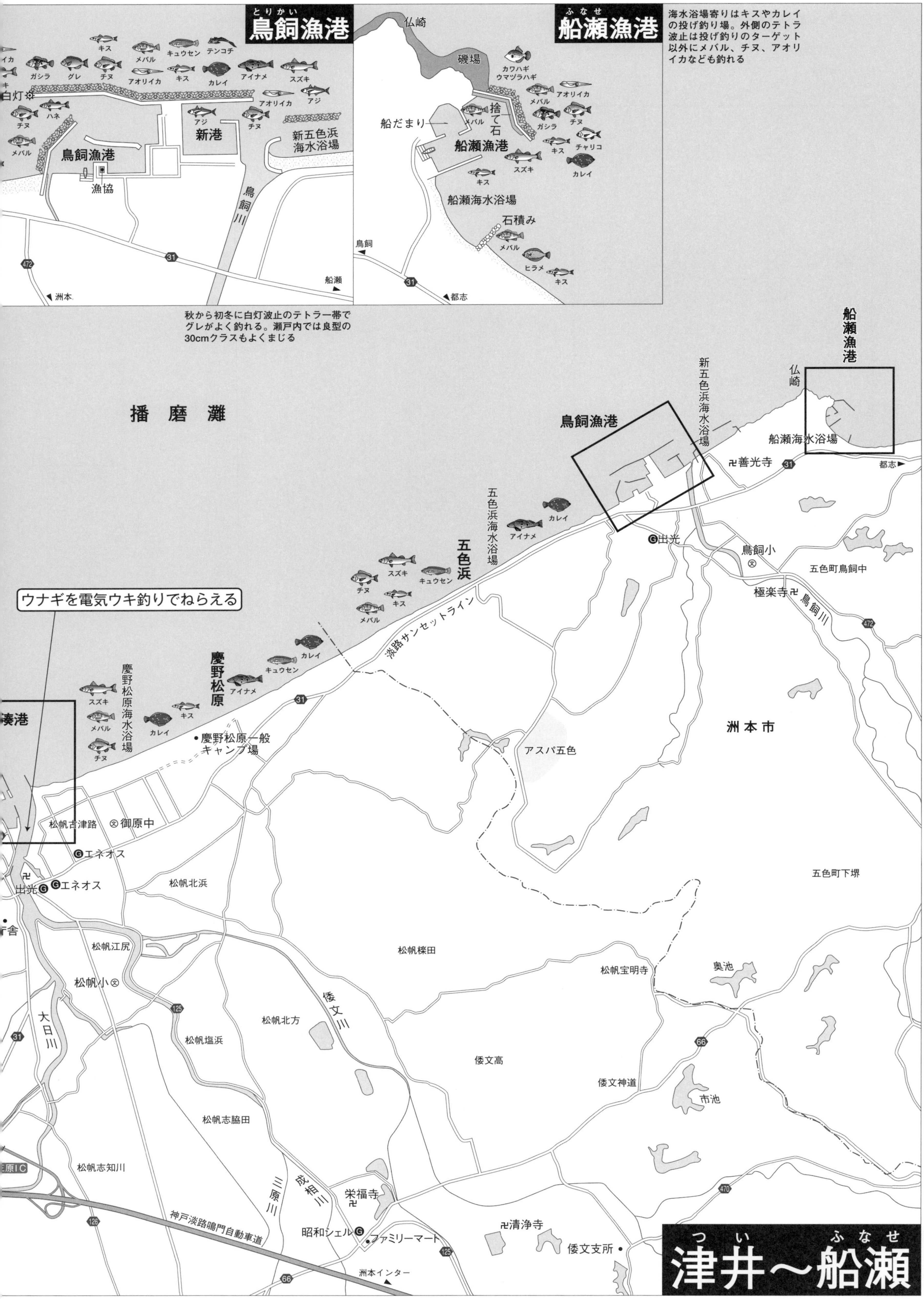

鳥飼《とりかい》漁港
キス
メバル
キュウセン
テンコチ
ガシラ
グレ
チヌ
アオリイカ
キス
カレイ
アイナメ
スズキ
白灯
チヌ
ハネ
アオリイカ
アジ
アジ
チヌ
新港
新五色浜
海水浴場
メバル
鳥飼漁港
漁協
鳥飼川
31
472
洲本
船瀬
秋から初冬に白灯波止のテトラ一帯でグレがよく釣れる。瀬戸内では良型の30cmクラスもよくまじる
船瀬《ふなせ》漁港
海水浴場寄りはキスやカレイの投げ釣り場。外側のテトラ波止は投げ釣りのターゲット以外にメバル、チヌ、アオリイカなども釣れる
仏崎
磯場
カワハギ
ウマヅラハギ
アオリイカ
メバル
船だまり
メバル
捨て石
ガシラ
チヌ
船瀬漁港
チャリコ
キス
スズキ
カレイ
キス
船瀬海水浴場
石積み
メバル
ヒラメ
キス
鳥飼
31
都志
播磨灘
船瀬漁港
仏崎
新五色浜海水浴場
鳥飼漁港
船瀬海水浴場
善光寺
31
都志
五色浜海水浴場
カレイ
アイナメ
出光
鳥飼小
五色町鳥飼中
五色浜
スズキ
キュウセン
チヌ
キス
メバル
極楽寺
鳥飼川
472
ウナギを電気ウキ釣りでねらえる
淡路サンセットライン
カレイ
慶野松原
キュウセン
慶野松原海水浴場
スズキ
メバル
チヌ
アイナメ
キス
カレイ
31
湊港
慶野松原一般キャンプ場
アスパ五色
洲本市
松帆古津路
御原中
エネオス
出光
エネオス
松帆北浜
五色町下堺
松帆江尻
松帆榺田
松帆宝明寺
奥池
松帆小
倭文川
125
松帆北方
大日川
31
松帆塩浜
66
倭文高
倭文神道
市池
松帆志脇田
松帆志知川
三原川
成相川
栄福寺
470
126
神戸淡路鳴門自動車道
昭和シェル
ファミリーマート
清浄寺
倭文支所
125
洲本インター
66

津井《つい》漁港

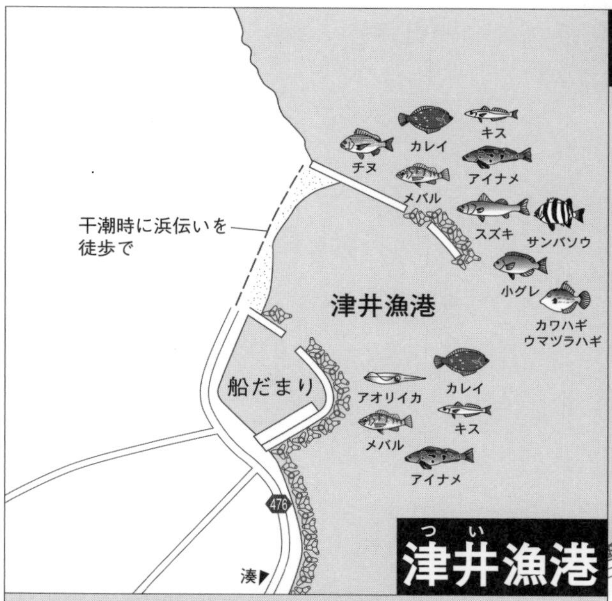
干潮時に浜伝いを
徒歩で
津井漁港
船だまり
チヌ
カレイ
キス
メバル
アイナメ
スズキ
サンバソウ
小グレ
カワハギ
ウマヅラハギ
アオリイカ
カレイ
キス
メバル
アイナメ
476
湊▶

幹線道路から離れているため釣り人は非常に少なく、のんびり楽しめる。外側の波止まで干潮時に浜伝いに移動できるが、潮が満ちると帰れなくなるので注意

湊《みなと》港

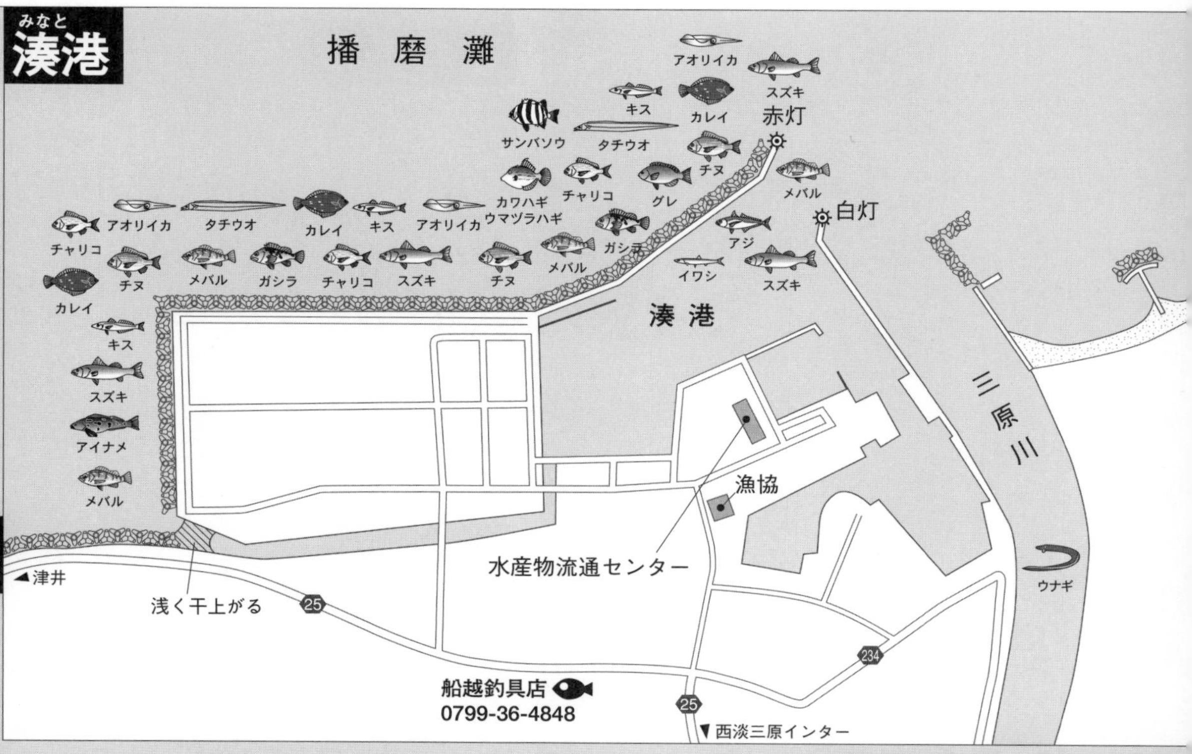
播 磨 灘
アオリイカ
スズキ
キス
カレイ
赤灯
サンバソウ
タチウオ
チヌ
メバル
カワハギ
ウマヅラハギ
チャリコ
グレ
白灯
アオリイカ
タチウオ
カレイ
キス
アオリイカ
チャリコ
チヌ
メバル
ガシラ
チャリコ
スズキ
チヌ
メバル
ガシラ
アジ
イワシ
スズキ
カレイ
キス
スズキ
アイナメ
メバル
湊 港
三 原 川
漁協
水産物流通センター
ウナギ
◀津井
浅く干上がる
25
234
25
船越釣具店
0799-36-4848
▼西淡三原インター

淡路島西海岸では最大の港湾で、埋立地と
こからのびる赤灯波止がメインの釣り場。
深があり潮通しもよいので、投げ釣り、フ
セ釣り、エビ撒き釣り、紀州釣り、ルアー
ィッシング…あらゆる釣りが楽しめる

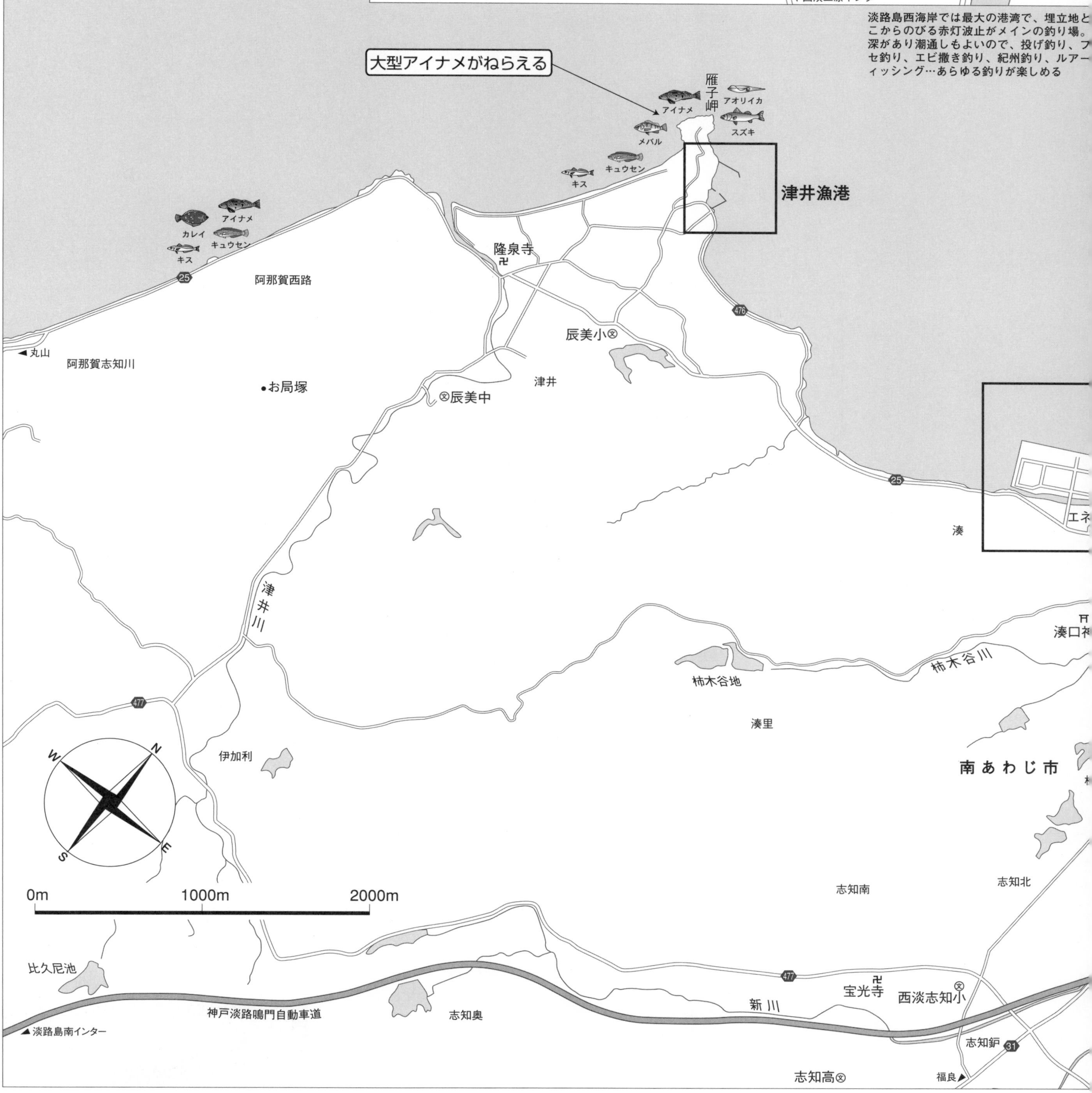
大型アイナメがねらえる
雁子岬
アオリイカ
アイナメ
スズキ
メバル
キュウセン
キス
津井漁港
カレイ
アイナメ
キュウセン
キス
25
阿那賀西路
隆泉寺
476
辰美小
◀丸山
阿那賀志知川
津井
●お局塚
辰美中
25
湊
エネ
津井川
湊口神
柿木谷川
柿木谷地
湊里
477
伊加利
南あわじ市
N
E
S
W
0m
1000m
2000m
志知南
志知北
比久尼池
477
宝光寺
西淡志知小
新川
神戸淡路鳴門自動車道
志知奥
◀淡路島南インター
志知釿
31
志知高
福良▶

都志《つし》～尾崎《おざき》

江井《えい》漁港

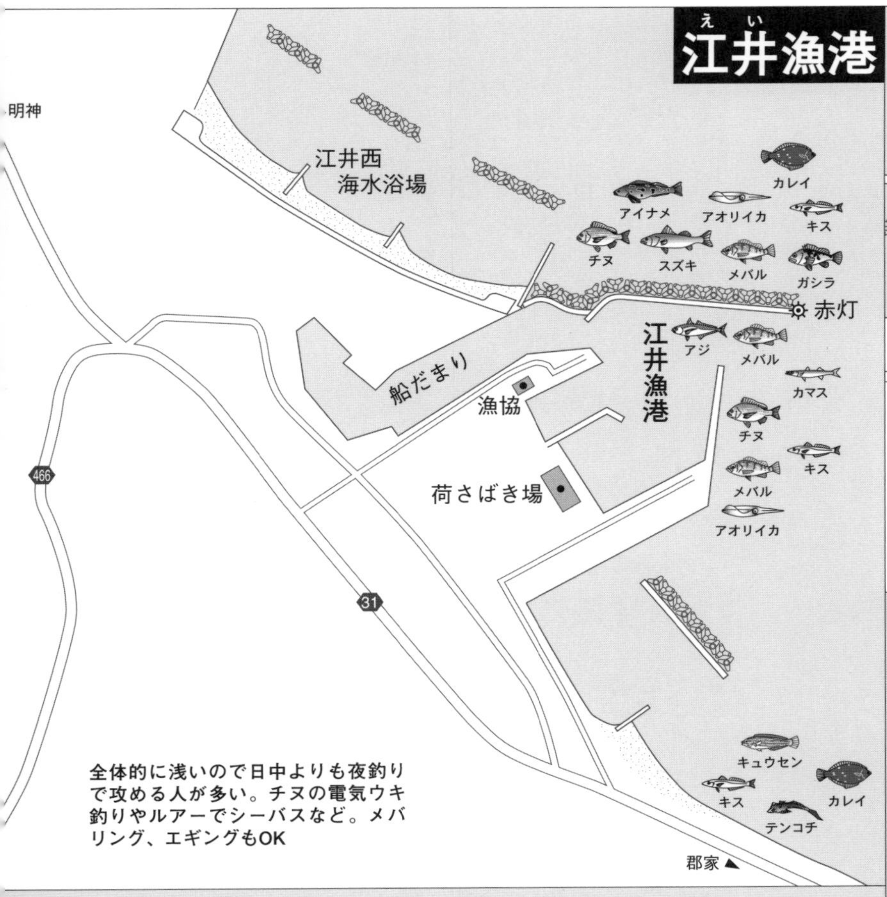
明神
江井西
海水浴場
カレイ
アイナメ
アオリイカ
キス
チヌ
スズキ
メバル
ガシラ
赤灯
船だまり
漁協
江井漁港
アジ
メバル
カマス
チヌ
キス
メバル
アオリイカ
荷さばき場
466
31
キュウセン
キス
カレイ
テンコチ
郡家

全体的に浅いので日中よりも夜釣りで攻める人が多い。チヌの電気ウキ釣りやルアーでシーバスなど。メバリング、エギングもOK

郡家《ぐんけ》港

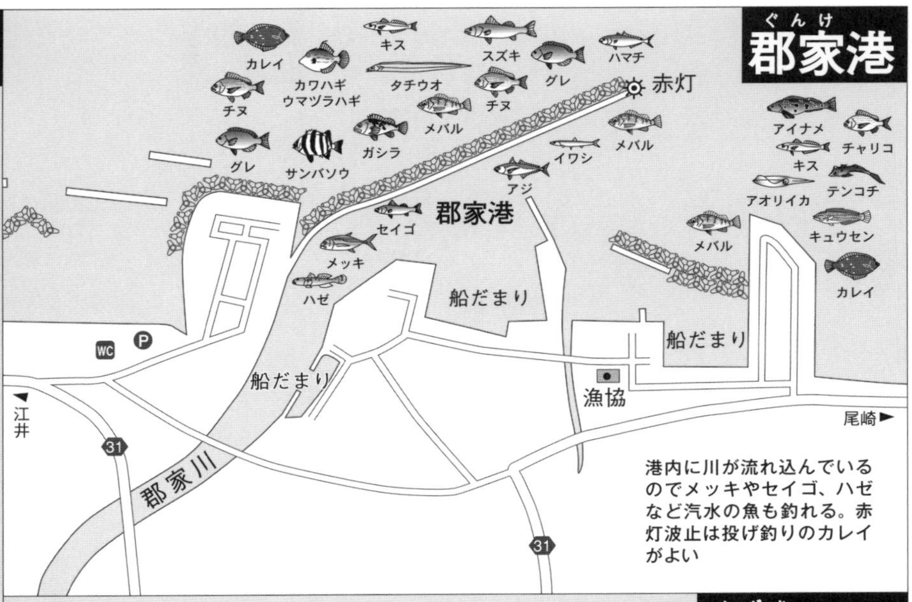
カレイ
キス
スズキ
ハマチ
カワハギ
ウマヅラハギ
タチウオ
チヌ
グレ
チヌ
赤灯
メバル
グレ
サンバソウ
ガシラ
メバル
イワシ
アジ
セイゴ
郡家港
メッキ
ハゼ
アイナメ
チャリコ
キス
テンコチ
アオリイカ
メバル
キュウセン
カレイ
船だまり
船だまり
船だまり
漁協
江井
尾崎
郡家川
31

港内に川が流れ込んでいるのでメッキやセイゴ、ハゼなど汽水の魚も釣れる。赤灯波止は投げ釣りのカレイがよい

尾崎《おざき》漁港

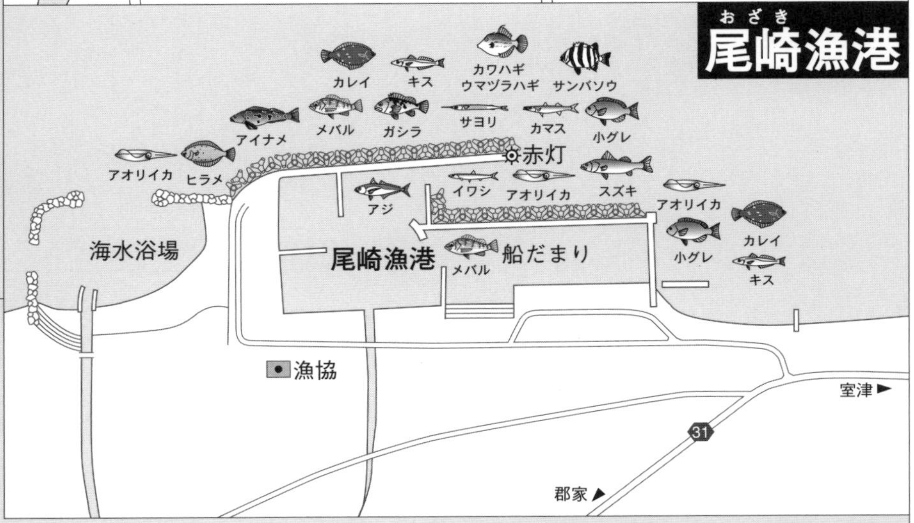
カレイ
キス
カワハギ
ウマヅラハギ
サンバソウ
アイナメ
メバル
ガシラ
サヨリ
カマス
小グレ
アオリイカ
ヒラメ
赤灯
アジ
イワシ
アオリイカ
スズキ
アオリイカ
海水浴場
尾崎漁港
メバル
船だまり
カレイ
小グレ
キス
漁協
室津
31
郡家

メバルが多い港で、エビ撒き釣り、探り釣り、夜の電気ウキ釣り、メバリングなど、いろいろな釣り方が可能。落ちギスの時期には30cm近い良型が投げザオを激しく揺らすこともある

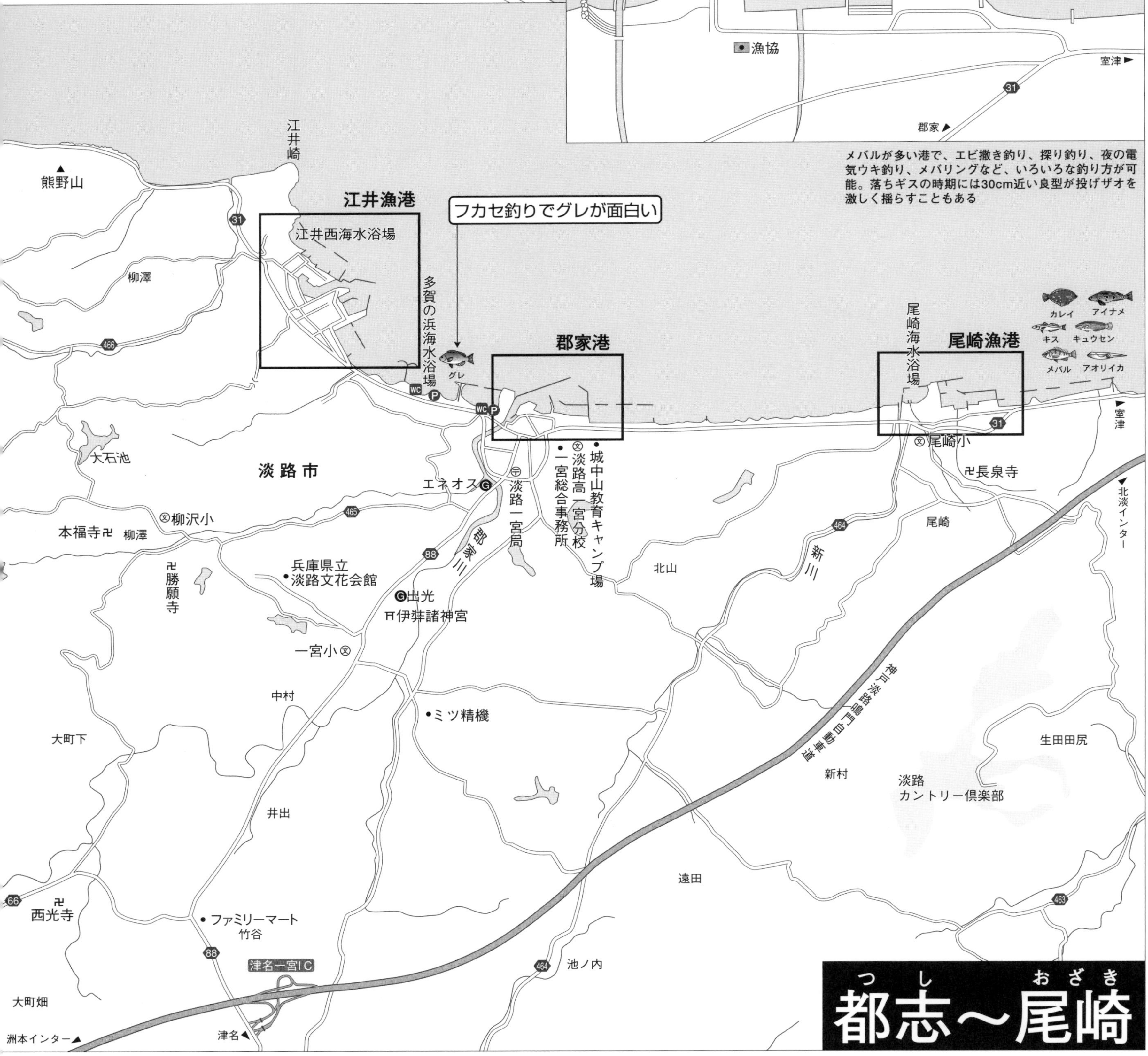
江井崎
熊野山
江井漁港
江井西海水浴場
フカセ釣りでグレが面白い
多賀の浜海水浴場
グレ
郡家港
尾崎海水浴場
尾崎漁港
カレイ
アイナメ
キス
キュウセン
メバル
アオリイカ
柳澤
31
466
大石池
淡路市
エネオス
淡路一宮局
淡路高一宮分校
一宮総合事務所
城中山教育キャンプ場
尾崎小
長泉寺
室津
北淡インター
尾崎
465
本福寺
柳澤
柳沢小
郡家川
88
北山
新川
464
勝願寺
兵庫県立
淡路文花会館
出光
伊弉諾神宮
一宮小
中村
ミツ精機
神戸淡路鳴門自動車道
大町下
生田田尻
新村
淡路
カントリー倶楽部
井出
遠田
66
西光寺
ファミリーマート
竹谷
463
88
津名一宮IC
464
池ノ内
大町畑
洲本インター
津名

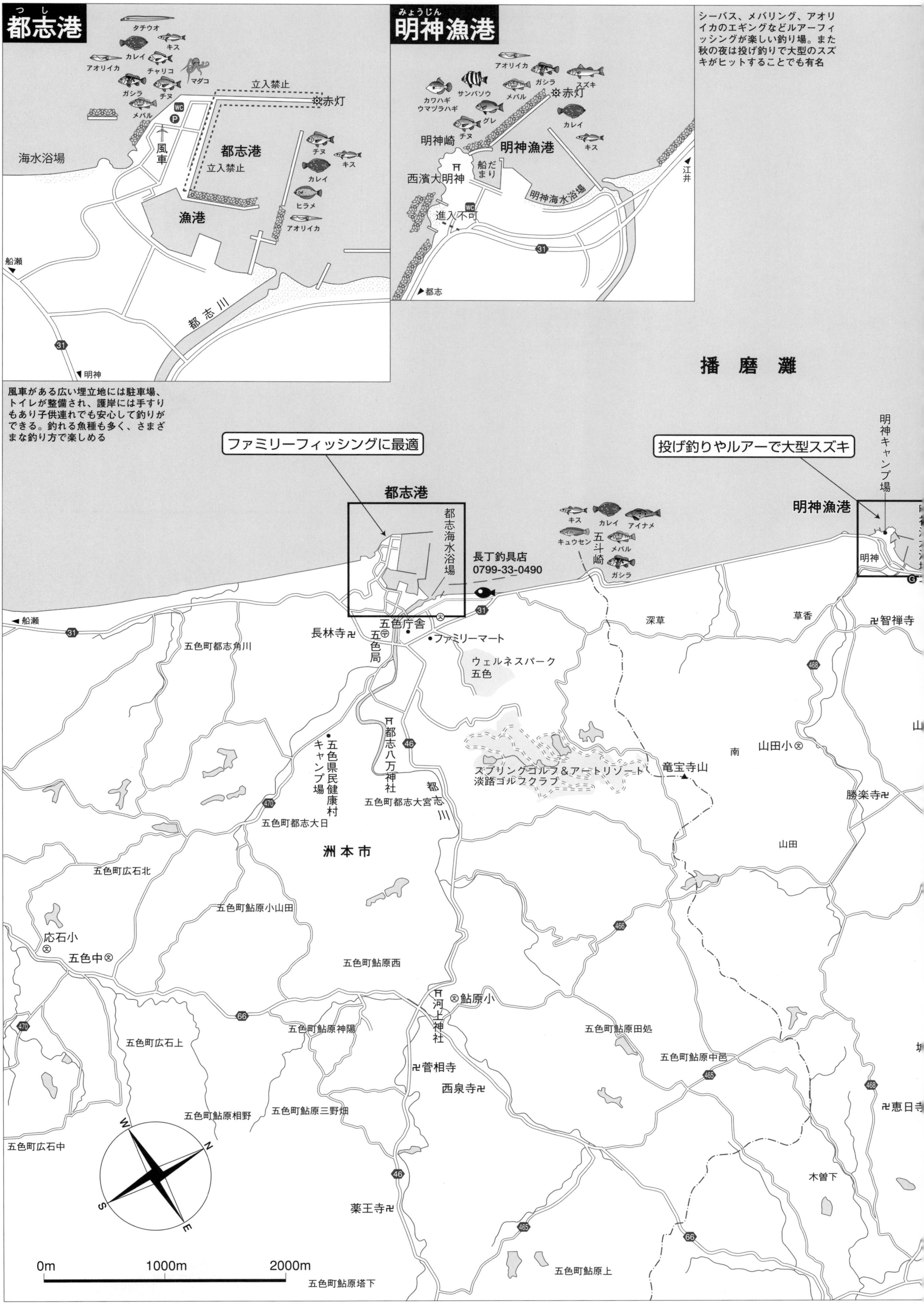
都志《つし》港
タチウオ
キス
カレイ
アオリイカ
チャリコ
マダコ
ガシラ
チヌ
メバル
立入禁止
赤灯
風車
海水浴場
都志港
立入禁止
チヌ
キス
カレイ
ヒラメ
アオリイカ
漁港
船瀬
都志川
明神
明神《みょうじん》漁港
アオリイカ
ガシラ
スズキ
カワハギ
ウマヅラハギ
サンバソウ
メバル
赤灯
グレ
カレイ
チヌ
キス
明神崎
明神漁港
西濱大明神
船だまり
明神海水浴場
江井
進入不可
31
都志
シーバス、メバリング、アオリイカのエギングなどルアーフィッシングが楽しい釣り場。また秋の夜は投げ釣りで大型のスズキがヒットすることでも有名
播磨灘
風車がある広い埋立地には駐車場、トイレが整備され、護岸には手すりもあり子供連れでも安心して釣りができる。釣れる魚種も多く、さまざまな釣り方で楽しめる
ファミリーフィッシングに最適
投げ釣りやルアーで大型スズキ
明神キャンプ場
都志港
明神漁港
都志海水浴場
キス
カレイ
アイナメ
キュウセン
五斗崎
メバル
ガシラ
長丁釣具店
0799-33-0490
明神
船瀬
31
五色庁舎
長林寺
五色局
ファミリーマート
深草
草香
智禅寺
五色町都志角川
ウェルネスパーク五色
468
都志八万神社
46
五色県民健康村キャンプ場
スプリングゴルフ＆アートリゾート淡路ゴルフクラブ
竜宝寺山
南
山田小
都志川
五色町都志大宮
470
五色町都志大日
勝楽寺
洲本市
山田
五色町広石北
五色町鮎原小山田
466
応石小
五色中
五色町鮎原西
河上神社
鮎原小
66
470
五色町鮎原神陽
五色町広石上
五色町鮎原田処
菅相寺
五色町鮎原中邑
465
西泉寺
468
恵日寺
五色町鮎原相野
五色町鮎原三野畑
五色町広石中
W
N
S
E
46
木曽下
薬王寺
465
66
0m
1000m
2000m
五色町鮎原上
五色町鮎原塔下

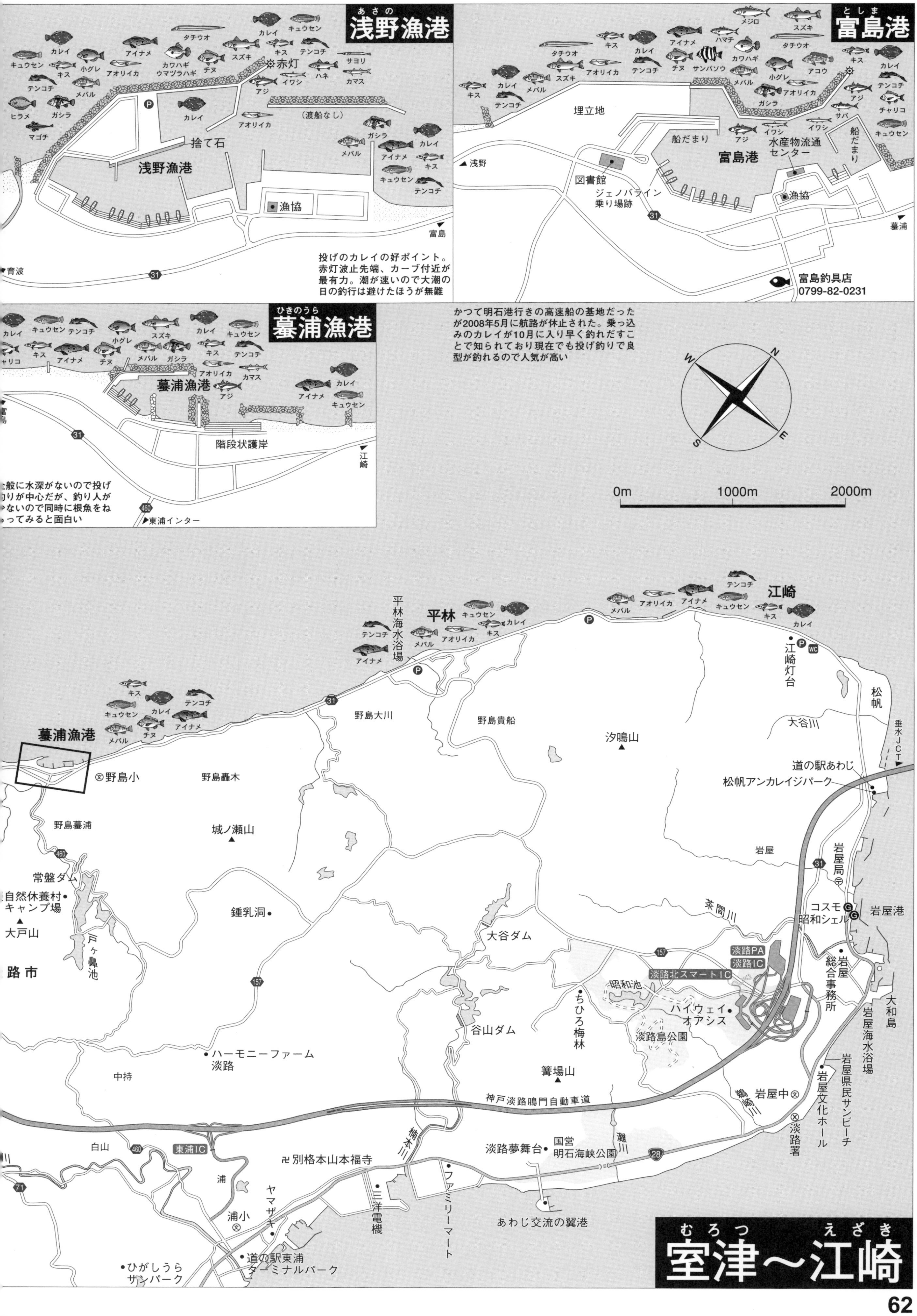

浅野《あさの》漁港
タチウオ
カレイ
キュウセン
キス
テンコチ
サヨリ
カマス
ハネ
イワシ
アジ
赤灯
スズキ
チヌ
カワハギ
ウマヅラハギ
アイナメ
アオリイカ
小グレ
メバル
ガシラ
ヒラメ
マゴチ
(渡船なし)
捨て石
浅野漁港
漁協
富島
育波
投げのカレイの好ポイント。赤灯波止先端、カーブ付近が最有力。潮が速いので大潮の日の釣行は避けたほうが無難
富島《としま》港
メジロ
スズキ
ハマチ
アイナメ
サンバソウ
チヌ
カワハギ
アコウ
ガシラ
アオリイカ
チャリコ
サバ
キュウセン
イワシ
船だまり
埋立地
富島港
水産物流通センター
図書館
ジェノバライン乗り場跡
浅野
蟇浦
富島釣具店
0799-82-0231
かつて明石港行きの高速船の基地だったが2008年5月に航路が休止された。乗っ込みのカレイが10月に入り早く釣れだすことで知られており現在でも投げ釣りで良型が釣れるので人気が高い
蟇浦《ひきのうら》漁港
チャリコ
蟇浦漁港
階段状護岸
江崎
東浦インター
般に水深がないので投げ釣りが中心だが、釣り人がないので同時に根魚をねってみると面白い
0m
1000m
2000m
平林海水浴場
平林
江崎
江崎灯台
松帆
垂水JCT
大谷川
汐鳴山
野島大川
野島貴船
野島小
野島轟木
野島蟇浦
城ノ瀬山
道の駅あわじ
松帆アンカレイジパーク
岩屋
岩屋局
コスモ昭和シェル
岩屋港
常盤ダム
自然休養村キャンプ場
大戸山
戸ヶ鼻池
路市
鍾乳洞
茶間川
大谷ダム
淡路PA
淡路IC
淡路北スマートIC
昭和池
ちひろ梅林
ハイウェイオアシス
淡路島公園
岩屋総合事務所
大和島
岩屋海水浴場
岩屋県民サンビーチ
谷山ダム
ハーモニーファーム淡路
中持
箕場山
鵜崎川
岩屋中
岩屋文化ホール
淡路署
神戸淡路鳴門自動車道
白山
東浦IC
別格本山本福寺
槙本川
淡路夢舞台
国営明石海峡公園
灘川
浦
ヤマザキ
三洋電機
ファミリーマート
あわじ交流の翼港
浦小
道の駅東浦ターミナルパーク
ひがしうらサンパーク
室津《むろつ》～江崎《えざき》

室津《むろつ》漁港

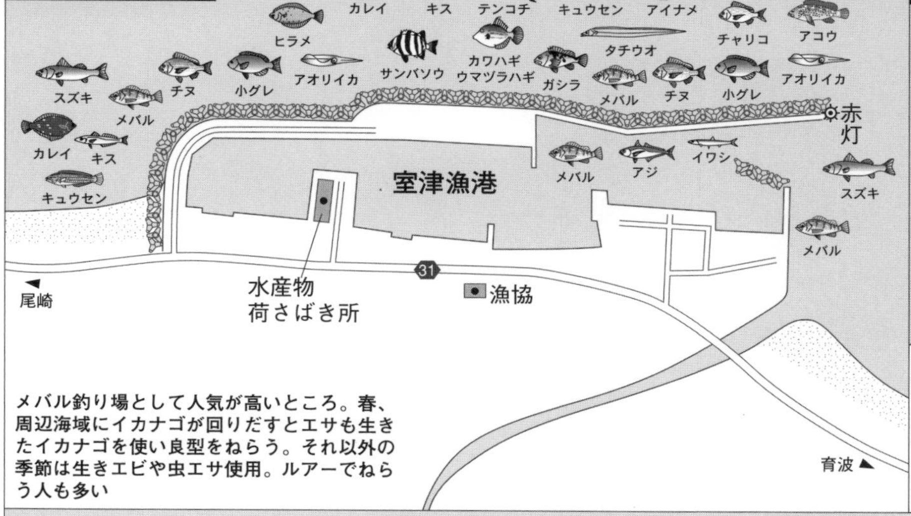
カレイ
キス
テンコチ
キュウセン
アイナメ
ヒラメ
チャリコ
アコウ
タチウオ
カワハギ
ウマヅラハギ
サンバソウ
スズキ
チヌ
小グレ
アオリイカ
ガシラ
メバル
赤灯
室津漁港
アジ
イワシ
水産物
荷さばき所
漁協
31
尾崎
育波

メバル釣り場として人気が高いところ。春、周辺海域にイカナゴが回りだすとエサも生きたイカナゴを使い良型をねらう。それ以外の季節は生きエビや虫エサ使用。ルアーでねらう人も多い

育波《いくは》漁港

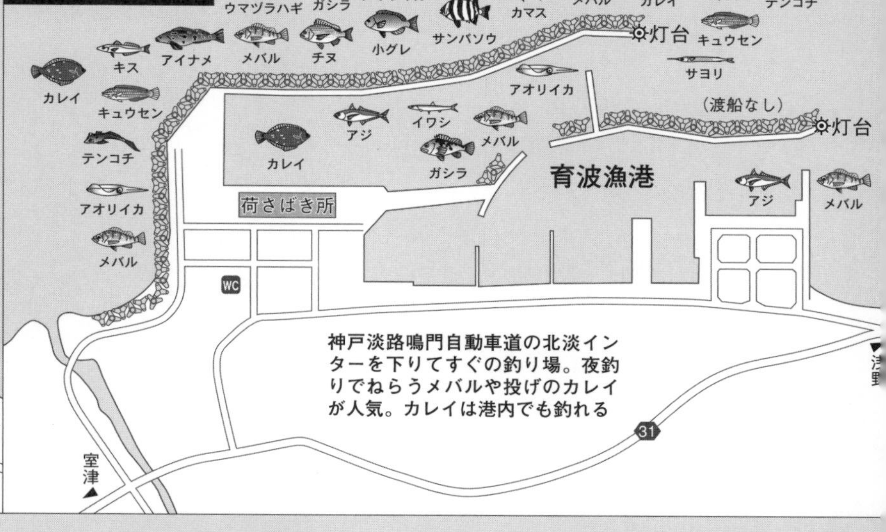
カワハギ
ウマヅラハギ
ガシラ
アオリイカ
スズキ
ハマチ
カマス
メバル
カレイ
キス
テンコチ
サンバソウ
小グレ
チヌ
アイナメ
灯台
キュウセン
サヨリ
(渡船なし)
イワシ
アジ
育波漁港
荷さばき所
WC
31
室津

神戸淡路鳴門自動車道の北淡インターを下りてすぐの釣り場。夜釣りでねらうメバルや投げのカレイが人気。カレイは港内でも釣れる

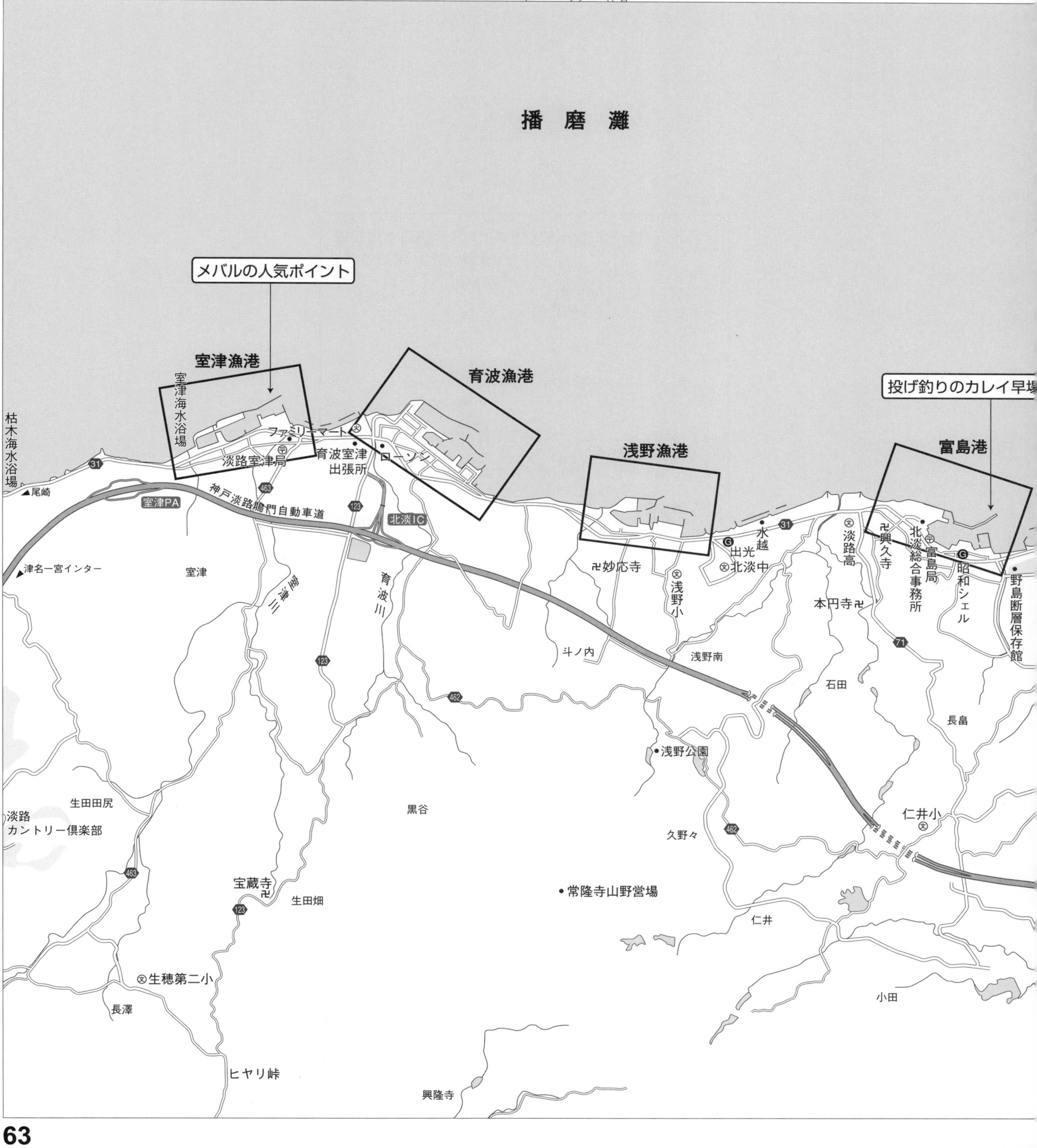
播磨灘
メバルの人気ポイント
室津漁港
育波漁港
浅野漁港
投げ釣りのカレイ早場
富島港
室津海水浴場
枯木海水浴場
ファミリーマート
淡路室津局
育波室津出張所
ローソン
尾崎
室津PA
神戸淡路鳴門自動車道
北淡IC
津名一宮インター
室津
室津川
育波川
妙応寺
浅野小
出光
北淡中
水越
淡路高
興久寺
北淡総合事務所
富島局
昭和シェル
野島断層保存館
本円寺
斗ノ内
浅野南
石田
長畠
浅野公園
仁井小
久野々
黒谷
生田田尻
淡路カントリー倶楽部
宝蔵寺
生田畑
常隆寺山野営場
仁井
生穂第二小
長澤
小田
ヒヤリ峠
興隆寺
31
463
123
462
71

『関西海釣りドライブマップ』シリーズについてのお断り

『関西海釣りドライブマップ』各刊の情報は、さまざまな事情により、作成時のデータと現状が異なっている場合があります。本書の内容につきましては、刊行以来、重版の度に努めて新たな情報を更新するように心がけておりますが、現場での釣りの可否を含め、あらかじめ本書に記載された情報のすべてを保証するものではありません。万が一、目的の場所が釣り禁止等になっていた場合には、必ず現場の情報・指示に従ってください。

令和版 関西海釣りドライブマップ② 大阪湾～播磨灘
（須磨～赤穂/淡路島全域）

2021年　11月1日初版発行
編　者　つり人社書籍編集部
発行者　山根和明
印刷所　図書印刷株式会社
発行所　株式会社つり人社
東京都千代田区神田神保町1-30-13　〒101-8408
TEL.03-3294-0781　FAX03-3294-0783

乱丁・落丁などありましたらお取り替えいたします。
ISBN978-4-86447-384-2 C2075

【追記……改正SOLAS条約に伴う立ち入り禁止区域について】

平成16年7月1日から、「国際航海船舶及び国際港湾施設の保安の確保等に関する法律（国際船舶・港湾保安法）」が施行されました。同法律は、IMO（国際海事機関）における改正SOLAS条約（海上人命安全条約）を受けたもので、国際航海船舶や国際港湾施設に自己警備としての保安処置を義務付けたり、外国から日本に入港しようとする船舶に船舶保安情報の通達を義務付け危険な船舶には海上保安庁が入港禁止等の措置を行えるようにした内容となっています。

承認を受けた施設所有者はフェンス等の設置など保安措置が義務付けられ、当該地域への一般人の立ち入りは禁止となります。本書では承認が確認された区域には、各左頁下にその旨を記しました。釣行の際には、事前に最寄りの釣具店や各種HP等にて承認箇所（立ち入り禁止区域）をご確認ください。

●本書に掲載した釣り場の状況、立ち入り禁止の規定は随時変更されることがありますので、ご了承ください。
●釣り場では必ずライフジャケットを着用し、くれぐれも事故のないよう、自己責任にて安全第一を心がけましょう。
●新型コロナウイルス感染拡大防止のため施設により営業時間の変更や休業の可能性があります。釣行の際は公式HP、電話などでご確認ください。外出自粛要請が出ているエリアにおいては不要不急のお出かけはお控えください。